VERDADES DESCONOCIDAS

Por: Juan Gabriel Ospina Sardi

VERDADES DESCONOCIDAS

Existen DOS razones desconocidas por las cuales Colombia tuvo el aumento en su desarrollo económico de los 10 últimos años....

Autor: Juan Gabriel Ospina Sardi

Email: jgospinas@yahoo.com

ISBN-13: **978-1545142684**

ISBN-10: **1545142688**

Escrito: Año 2017 – en Bogotá, Colombia

Copyright de la imagen de portada: © Pressfoto – Freepik. com

Edition Copyright 2017: Juan Gabriel Ospina Sardi

PRÓLOGO.

El autor de VERDADES DESCONOCIDAS es Juan Gabriel Ospina Sardi, graduado en ECONOMÍA, en la Universidad de California, Berkeley, con especialización en una rama denominada Desarrollo Económico. El autor tiene una amplia experiencia profesional en las áreas Financieras y Administrativas de empresas manufactureras colombianas. Después de una Introducción, dice que el OBJETO del libro es explicar las **dos razones** por las cuales Colombia tuvo un "salto" en su desarrollo, en los 12 últimos años, que jamás había podido tener en toda su historia. Al autor le parece importante compartir ese conocimiento con las demás personas por su valor histórico, porque forma parte importante de la historia del desarrollo económico del país y, porque le parece que son razones desconocidas por las personas. Al autor le parece muy importante dejar constancia escrita de esos eventos, especialmente uno que es de su autoría. El autor fue el que encontró la "solución" a un problema existente en la década de los años 60 y cuya solución después contribuye en forma definitiva al desarrollo económico conseguido en Colombia, a partir del año 2006.

Para el autor es igualmente importante lograr que las explicaciones incluidas en el libro sobre diferentes temas puedan ser utilizadas y contribuyan en la solución de problemas existentes. El autor incluye un análisis bastante detallado sobre las causas de la corrupción. El autor sostiene que la corrupción es causada por una inadecuada Administración de Justicia. Propone un borrador de lo que puede ser una adecuada reforma a la justicia. Propone que ese borrador sea discutido y analizado por un equipo de trabajo compuesto por un miembro de las diferentes profesiones, sin incluir los Abogados, inicialmente. Los Abogados son unos de los causantes de los problemas de corrupción existentes en el país. Si bien Colombia hoy es un país muy diferente al de hace 12 años, las soluciones necesarias para continuar en su desarrollo económico, hasta ahora, han sido incompletas.

Si no continuamos con las soluciones requeridas, el autor piensa que pueden existir consecuencias "graves" que no estamos entendiendo. Según todo lo anterior, el objeto principal del libro no es monetario. Le gustaría que se pudiera utilizar como texto en las universidades. A pesar de todas sus limitaciones actuales, los principales promotores del cambio, en el futuro, tienen que ser los jóvenes. Para lograr eso, es necesario que los jóvenes entiendan su necesidad.

Si uno estudia sobre **desarrollo económico** tiene que estudiar sobre **entornos políticos y entornos económicos**. Si el entorno que quieren los colombianos, por lo menos según todo lo que hablan, es una DEMOCRACIA, primero que todo, es necesario entender cuáles son las RESPONSABILIDADES BÁSICAS del Estado, en una Democracia. Todos los entornos políticos y económicos tienen una definición básica. La definición básica es la que habla de las responsabilidades básicas. Las sofisticaciones de la definición la definirán las personas, después en la implementación de los entornos. Ni siquiera fue el autor el que definió las **responsabilidades básicas, indelegables**, de las Democracias. Los que la definieron hace 300 años establecieron que solo eran TRES: **La seguridad interna y externa del país, la administración de justicia y, la legislación.**

El autor hace un recorrido conceptual para explicar el significado, la importancia de esa definición y su aplicación en la práctica. La capacidad de análisis es de suma importancia para entender las causas de los problemas y encontrar la solución adecuada. Así como en la década pasada hubo que encontrar una solución, ahora es necesario encontrar la siguiente solución, la que permita el siguiente salto. Una de las grandes diferencias entre los países desarrollados y los menos, es la capacidad que tienen los más desarrollados de ACEPTAR sus errores, identificar lo que no funciona bien y, tratar de corregirlo. Casi siempre lo logran y, pasan al siguiente problema. Nosotros solo hablamos, de los mismos problemas desde hace décadas. El objetivo de cualquier sociedad tiene que ser solucionar los problemas y no solo hablar de ellos. Oír las barbaridades que siempre hablan los medios de comunicación sobre tal o cual problema y lo que dicen todos los "expertos" que han aparecido hoy, que hablan todo el tiempo, en toda clase de programas de los medios y, las redes sociales, lo llenó de angustia y llevó al autor a escribir este libro, para hacer las aclaraciones necesarias.

Los conceptos no son tan complicados como piensan las personas, mucho menos cuando todavía en Colombia no se ha llegado al punto de aplicar teorías macroeconómicas sofisticadísimas para conseguir desarrollo económico. Estamos en las primeras instancias conceptuales, pero si no seguimos el orden requerido, no se va a conseguir nada más. No importa lo que piense la gente, no se va a conseguir nada importante. En la medida que pasa el tiempo, la población aumenta y los problemas se vuelven más complicados de solucionar, es necesario tener esa disciplina conceptual.

I. <u>INTRODUCCIÓN.</u>

Cuando una persona está llegando al final de su vida es apenas normal pensar sobre sus satisfacciones, insatisfacciones, éxitos y fracasos, profesionales y familiares. También es normal pensar cómo ocuparse en esos últimos años. Algunas personas lo hacen y otras no. El primer gran reto es tratar de definir, o saber cómo hacerlo.

Algunos lo pueden hacer trabajando, probablemente no como empleados en alguna empresa, si no en trabajos de consultoría, o como conferencistas, hasta que la salud lo permita. Otros lo hacen viajando, pero necesitan la capacidad financiera. Se supone que al final de la vida las personas han podido acumular suficiente dinero, o ya están pensionadas y, entonces pueden hacerlo, aunque no hayan recibido herencias. Otros no viajan porque de todas formas no tienen el dinero para hacerlo, o no les gusta. Otros permanecen en su casa leyendo y comiendo, si todavía les gusta la lectura y comida. Yo, por ejemplo, he disminuido mucho mi lectura. Los que han trabajado en docencia generalmente lo pueden hacer hasta edades más avanzadas, también hasta que la salud lo permita, si no se vuelvan muy neuróticos.

De todas formas, depende que las personas tengan buen "estado físico" y aprendan a controlar la neurosis, porque las personas mayores tienden a volverse neuróticas. En todas las situaciones, el ejercicio se tiene que mantener. Cualquiera que sea la actividad, no solo se requiere capacidad mental, sino física. Para unas personas mayores puede ser suficiente tener una vida diaria tranquila, según su definición de tranquilidad. Para otras, pueden existir situaciones que les impiden permanecer al margen, sin involucrarse, por lo menos, según sus pensamientos.

Si uno fue exitoso en su vida profesional porque tuvo logros muy importantes y, fue exitoso en su vida familiar porque siempre tuvo excelentes relaciones con el conyugue, hijos, padres y casi todos los hermanos, podría concluir que no necesita nada más. Pero, no se trata de necesitar más. No se trata de tener más dinero, o ser más importante.

En el mundo actual, con sus comunicaciones inmediatas, e información total disponible instantáneamente, el interés de las personas mayores depende de muchos factores, probablemente muy diferentes a los de los jóvenes.

Supuestamente existen mayores posibilidades de participar, de alguna manera, en los acontecimientos que suceden. Eso debería ayudar a tas las personas jóvenes, o mayores. Eso puede ser bastante "atractivo" para cualquier persona, pero también tiene peligros.

Esa discusión sobre cómo pensar, cuáles deben ser nuestros intereses, o cuáles las reacciones a los acontecimientos que nos rodean, qué efectos debe producir el comportamiento de los demás, en qué se puede, se debe, o vale la pena involucrase uno, a estas alturas de la vida, puede ser muy complicada y, hasta tener consecuencias en las relaciones familiares. Si eso es así, lo mejor es tratar de permanecer al margen, pero es muy difícil. Mi esposa, por ejemplo, no está de acuerdo conmigo y no entiende mi actitud permanente tan crítica en unos temas, porque, entre otras cosas, piensa que no puedo tener **ninguna influencia** en lo que hacen los demás. No he podido saber si tiene razón de pensar eso. Ustedes saben cómo es el tema de la **"intuición femenina"**.

Esa discusión sobre cómo debe ser el comportamiento de los adultos mayores ante los problemas actuales, las situaciones externas, obviamente, también depende de varios factores.

Unos factores pueden ser profesionales, por convicciones, otros por educación, otros por manera de ser, otros por historia familiar. El problema, en el caso mío, es que probablemente es por todos esos factores.

Los éxitos en mi vida profesional y personal estuvieron determinados por todos esos factores y hasta, de pronto, otros. De todas formas, los éxitos, fueron buscados y conseguidos por la claridad mental de lo que mi familia y yo queríamos, o pensábamos que era importante para nosotros y, las demás personas que nos rodearon.

Hoy, aparte de entretenerme con varios juegos en el computador, opinar en las redes sociales y, hacer, o ayudar en los trámites de familia normales, he decidido volver a **escribir un libro**. Hace como 12 años ya escribí uno. Era una época diferente del país, con otros problemas, gustos, actitudes y comportamientos de las personas. Hoy, conseguir la "atención" de las personas cuando uno no es un YouTuber famoso, con millones de seguidores, no es un personaje grotesco como Maluma que tiene millones de fanáticos y, no es un escritor reconocido porque esa no es su profesión, los retos de conseguir esa "atención" son realmente complicados.

Los participantes en las redes sociales más populares, apenas tienen algunos miles de "seguidores" y, eso por razones de "polarizaciones". Yo, ni siquiera me aproximo al primer millar de "seguidores".

Después de las negociaciones del "proceso de PAZ" el país está completamente polarizado, pero, no solo con relación a esos temas, si no con relación a TODOS los temas. Cambió el comportamiento y forma de pensar de la gente. ¿No sé si de pronto, me tengo que dejar crecer la barba y el pelo, porque todos los "famosos" y "expertos" hoy tienen esa apariencia y, todos queremos ser famosos y expertos, no es cierto, aunque sea una sola vez en la vida? Pero entonces tengo problemas con mi esposa, porque a ella no le gusta esa apariencia.

Colombia hoy es un país completamente diferente al de hace 10 años. El nivel de vida aumentó, muchas personas tienen vehículos, Internet, celulares, vivienda, en cantidades nunca antes vistas.

Existen mayores oportunidades de educación. Hasta se puede pensar en mejores oportunidades de salud. Se empiezan a construir obras de infraestructura nunca antes pensadas. Todas esas cosas eran bastante difíciles de conseguir antes del año 2000. En el año 2000 todos los colombianos estaban desesperados, subiéndose por las paredes, pensando en emigrar porque acá no conseguían trabajo. Colombia era el país de más número de secuestros en el mundo. El problema de "seguridad" interna del país era monumental.

II. OBJETO.

El objeto del libro es explicar, en un lenguaje sencillo, que pueda ser entendido por cualquier persona, sin necesidad que sean economistas, las **dos razones** por las cuales el país tuvo el salto en su **desarrollo económico** de los últimos 10 años, aproximadamente, básicamente, desde el año 2006. En toda su historia, el país jamás pudo tener ningún aumento importante en su desarrollo económico. ¿Por qué, de pronto, si lo pudo tener? ¿Qué sucedió diferente a todo lo que siempre había sucedido? Me parece importante compartir ese conocimiento con las demás personas. Además, me parece que tiene valor histórico porque forma parte importante de la historia del desarrollo económico del país.

El reto en esto es hacerlo ameno, interesante, agradable, para que las demás personas se interesen, lo lean todo y, les guste. Si no logro que los demás lo lean, no estoy logrando el **primer objetivo.** Yo entiendo mis limitaciones como escritor.

Básicamente, no soy escritor y, de pronto, me falta sentido de humor, o que lo que escribo resulte ameno para los demás. No es que el tema del que va a tratar el libro se preste especialmente para el sentido de humor.

El **segundo objetivo** del libro es lograr que las explicaciones aquí planteadas puedan ser utilizadas y contribuyan en la solución de problemas existentes, porque las soluciones, hasta ahora, han sido incompletas.

Si no continuamos con las soluciones requeridas, pueden existir consecuencias "graves" que no estamos entendiendo. Según todo lo anterior, el objeto principal del libro no es monetario, es informativo y de educación. Entre otras cosas, me gustaría que se pudiera utilizar como texto en las universidades.

A pesar de todas sus limitaciones actuales, los principales promotores del cambio, en el futuro, tienen que ser los jóvenes. Para lograr eso, es necesario que los jóvenes entiendan su necesidad.

Siempre tuve la "capacidad" mental suficiente para analizar y encontrar las soluciones a todos los problemas profesionales que tuve que enfrentar. Es increíble lo que ha sucedido en Colombia en los últimos años. Antes de eso era muy difícil saber lo que los demás sabían, o pensaban, nadie se comunicaba por Internet y celular. Se conocía muy poco sobre lo que los demás pensaban.

De repente, hoy, todo el mundo sabe todo sobre todos los temas, tienen opiniones sobre todo lo que sucede, tienen estadísticas de todo y, comparten videos permanentemente sobre todo lo que está sucediendo, todo el tiempo, hasta el número de rayos en cada tormenta eléctrica. Claro que todo eso de hablar por celular "todo el tiempo" puede tener efectos negativos.

Se puede pensar que todo eso debe facilitar el análisis de los problemas para encontrar las soluciones adecuadas. Sin embargo, pienso que es necesario que las personas, por un momento, piensen un poco por qué eso no está sucediendo.

Para llegar a esa respuesta, pienso que es necesario entender las "limitaciones" que todos tenemos. Así como yo, por ejemplo, tengo muchas "limitaciones" como escritor y necesariamente tengo que pensar cómo disminuirlas, los demás deben PENSAR un poco más en sus "limitaciones", que pienso son de **carácter**, en el buen sentido de la palabra. Todo eso es parte de los "procesos" de aprendizaje que todos hemos tenido y seguimos teniendo.

Se requiere una **actitud mental** diferente, para entender bien los problemas, para entender POR QUÉ suceden y, poder llegar a las soluciones adecuadas.

Esa actitud mental diferente consiste en entender y aceptar que no todo lo sabemos y, que cuando existe algo que no sabemos, debemos PREGUNTAR a alguien que si tenga la respuesta. No saber algo, en un momento dado, no tiene nada de malo, lo importante es preguntar. Para poder hacer eso, obviamente, tenemos que saber cuándo sabemos y cuándo no sabemos. Como decía Harry el Sucio en sus películas, "un hombre debe conocer sus limitaciones". Cada persona tiene que descubrir cómo hacer eso y, si no lo pueden hacer, pues también tienen que ser conscientes de esa limitación.

Siempre pensé que una de las grandes diferencias entre los países desarrollados y los menos, era la capacidad que tienen los más desarrollados de ACEPTAR sus errores, identificar lo que no funciona bien, en un momento dado y, tratar de corregirlo. Casi siempre lo logran y, pasan al siguiente problema. Nosotros, en cambio, solo hablamos, de los mismos problemas desde hace décadas. El objetivo de cualquier sociedad tiene que ser solucionar los problemas y no solo hablar de ellos. Cuando oigo las barbaridades que hablan los medios de comunicación sobre tal o cual problema y lo que dicen todos los "expertos" que han aparecido hoy, que hablan todo el tiempo, en toda clase de programas de los medios y, las redes sociales, siento mucha angustia.

Unas personas me critican esa angustia, incluida Clara Helena mi esposa, pero no he podido dejar de sentirla. La angustia se debe a la falta de **soluciones**. Siempre pensé que TODOS los problemas tienen solución. La importancia de opinar sobre todos los problemas debería ser poder analizarlos mejor y poder encontrar las soluciones adecuadas. Sin embargo, eso no es lo que está sucediendo y, está mal. Al final, uno solo debe opinar sobre los problemas para contribuir a sus soluciones. Si no es así, solo estamos sumando a la confusión y, eso también está mal. Está mal porque no sirve para nada, es pérdida de tiempo y energía de todos.

Yo estudié una rama de la Economía, denominada Desarrollo Económico, hace casi 60 años, cuando nadie en Colombia había estudiado eso. Si uno estudia sobre **Desarrollo Económico** tiene que estudiar sobre **entornos políticos y entornos económicos**. Los países tienen que definir el entorno político y económico que quieren, pero de verdad, no solo para hablar de eso.

Nunca creí en un entorno político diferente a la Democracia. No creí en el Comunismo, Socialismo, las dictaduras, o ningún otro entorno político. Igualmente, el único entorno económico en el que he creído es el de una Economía de Mercado. Si el entorno que quieren los colombianos, por lo menos según todo lo que hablan, es una DEMOCRACIA, primero que todo, es necesario entender cuáles son las RESPONSABILIDADES BÁSICAS del Estado, en una Democracia. Todos los entornos políticos y económicos tienen una definición básica. La definición básica es la que habla de las responsabilidades básicas. Las sofisticaciones las definirán las personas, después, en la implementación de esos entornos.

En la implementación de todos los entornos políticos y económicos es necesario entender las responsabilidades básicas de cada uno, antes que todo los demás, para poder definir las "prioridades" de todas las responsabilidades y poder llevarlas a la práctica. En todos los entornos políticos y económicos las cosas se hacen en diferente forma. Los que definieron la Democracia básicamente fueron los Norte Americanos, en sus inicios. La definición de Democracia de los Griegos ya no tiene ninguna relevancia y, no aplica en el mundo actual. Las definiciones de los Europeos tampoco son exactamente iguales y, eso está bien, porque los matices que ellos han adoptado no son incompatibles con los conceptos básicos de las Democracias.

Es absolutamente necesario entender la definición básica para poder entender cómo debe operar cada entorno. Eso es importante, porque es la única forma de poder llegar, después, a la solución de problemas. Igualmente, si lo que queremos no es ese tipo de Democracia, pues tendremos que definirla de otra forma. Tenemos que entender eso para poder entender por qué no estamos pudiendo solucionar unos problemas y qué es lo que demos hacer para continuar con nuestro proceso de DESARROLLO ECONÓMICO. Normalmente el objetivo de todos los entornos políticos y económicos es conseguir lo que denominamos desarrollo económico.

Ni siquiera fui yo el que definió las **responsabilidades básicas, indelegables**, de las Democracias. Los que la definieron hace 300 años establecieron que solo eran TRES: **La seguridad interna y externa del país, la administración de justicia y, la legislación.**

Tenemos que pensar en eso, para entender qué fue lo que sucedió para conseguir el desarrollo que hemos tenido en los 10 últimos años, como cuidarlo y, como perpetuarlo.

Analicemos un ejemplo para entender la importancia de estas definiciones. Una de las responsabilidades básicas, indelegables, del Estado en una Democracia es la "administración de justicia", pero ningún gobierno en Colombia ha querido hacer nada en este tema. La corrupción es producida por una inadecuada administración de justicia y, hoy los problemas son monumentales. Es necesario, por lo tanto, entender la gravedad de la corrupción por la falta de administración de justicia, las consecuencias que pueden existir. La falta de solución de este problema, en mi opinión, por ejemplo, puede llevar a la pérdida de todo lo conseguido hasta ahora. La gente no cree que eso puede suceder, porque los colombianos no creen que las cosas pueden suceder, hasta que suceden.

Adicionalmente, el libro incluye un borrador de lo que se necesita en una REFORMA JUDICIAL adecuada. No soy Abogado, pero hace muchos años me puse a pensar por qué Colombia se estaba volviendo un país tan corrupto y encontré unas respuestas. Mis argumentos están sustentados con ejemplos reales, en la práctica. Cosas que suceden en la realidad, en la vida de todas las personas.

¿Al comienzo del primer período de JMS, cuando estaban presentando la reforma judicial que el al final decidió no aprobar, yo pensé "cuál sería el mejor escenario para debatir ese tema?" Ah, pues la ACADEMIA. Visité las principales universidades y ninguna quiso hacer un "debate público" de ese tema. Después averigüé por qué fue que no les interesó.

III. EL CARÁCTER DE LOS COLOMBIANOS.

Antes de continuar con el desarrollo del libro, hagamos una pausa para pensar un poco en el carácter de los colombianos. Es importante porque esas "condiciones" del carácter están muy relacionadas con su comportamiento y, eso, a su vez, con lo que sucede en el país, la forma cómo se hacen las cosas, cómo se toman las decisiones.

Las condiciones del carácter pueden ser buenas, regulares, o malas. Normalmente existen toda clase de condiciones en las personas. En mi opinión, las comunicaciones inmediatas, la información total y todos los desarrollos tecnológicos disponibles hoy instantáneamente, para la mayoría de personas, principalmente han servido para desnudar las "limitaciones" de carácter y "comportamiento" de los colombianos.

Esas limitaciones normalmente no deberían preocuparlo a uno. Todas las personas tenemos virtudes y limitaciones. Sin embargo, cuando las limitaciones de las personas producen permanentemente conflictos sociales, impiden que los problemas se puedan solucionar, se convierten en otros problemas, o producen más corrupción, afectando en materia grave la vida de los demás, entonces se vuelven importantes. Cuando me gradué de la universidad hace más de 50 años no quería regresar a Colombia, pero lo hice, porque mi papá se estaba muriendo y me pidió que regresara. Terminé quedándome acá y, lo único que he visto y vivido con los colombianos es que la mayoría son mentirosos, ladrones, mostrones, cobardes, abusivos, injustos, arbitrarios, envidiosos, tercos, egoístas, superficiales, sin patriotismo, desagradecidos, incrédulos (no tienen convicciones), interesados en el mal sentido, malos con las demás personas (no les importa lastimar a los demás), intransigentes, agresivos en el mal sentido y, en general, delincuentes en todas las formas que se le puedan ocurrir a uno.

Algunas personas me critican esas opiniones y sostienen que no puedo generalizar en esa forma, pero solo he encontrado ese comportamiento. Necesito que las demás personas me ayuden a demostrar que estoy equivocado, si es así. Probablemente cada persona tiene una o varias de estas condiciones, pero no todas. Esas condiciones de carácter se manifiestan en todas las relaciones entre las personas. Uno pensaría que algunas personas no tuvieran esos defectos, por educación, por familia, por convicción, por algún tipo de tradición, por alguna razón, pero, no es así.

La mejor demostración de esos "defectos" es la polarización existen en todas las discusiones y análisis de situaciones. Hoy, cuando las personas pueden estar comunicadas permanentemente, entonces aparece el afán de protagonismo de la mayoría. Ese afán de protagonismo hace que solo les interese hablar y hablar de los problemas y las cosas que suceden, sin interesarse en solucionar ningún problema.

El sector público no tiene excepción. La gran mayoría de los empleados públicos tienen todas esas condiciones negativas. Si existen excepciones en el resto de la gente, son casi imposibles de encontrar para los simples mortales. ¿Será que las personas estudian y trabajan toda la vida para actuar de esa forma? Uno pensaría que no, pero es así.

Es suficiente para morirse de tristeza y depresión. Lo mejor de todo es que a nadie le importa. Si uno le dice a un colombiano que es mentiroso, por ejemplo, no se sienta a hablar sobre por qué le están diciendo eso y, refutarlo si no está de acuerdo. No, se pone furioso e insulta a la otra persona, porque eso sencillamente no es verdad. Las personas, en general, son incapaces de argumentar casi nada.

La vida en Colombia solo es una desilusión, donde además hay que aguantarse toda la basura y opiniones irrelevantes que habla todo el mundo, sin poder hacer nada. La gran mayoría de las opiniones son superficiales, o equivocadas, no por terquedad o caprichos míos. Yo pensaba que la facilidad de comunicación actual solo podía ser buena para la humanidad y, en muchos países lo ha sido.

Sin embargo, en el caso colombiano no está sirviendo para nada bueno. Las personas no son más amables, no devuelven más rápido las llamadas, ni trabajan mejor, o más rápido. Es más, todo lo contrario. Lo único que hemos conseguido con todo el desarrollo tecnológico de los últimos años y, la posibilidad que tienen las personas de tener más participación, más información, es convertir el país en uno totalmente polarizado. Esa NO es la forma de entender o solucionar problemas. La polarización no solo es por las "negociaciones" de PAZ. La polarización es en todas las discusiones. Las polarizaciones siempre llevan a opiniones sesgadas y generalmente equivocadas. La única forma de solucionar cualquier problema SIEMPRE es, primero, entendiendo POR QUÉ sucede lo que está sucediendo y, produciendo el problema. Como sociedad no hemos aprendido a analizar problemas y buscar soluciones. La terquedad y la soberbia de los colombianos, que hoy todo lo saben, lo ha impedido. No existe la capacidad de "conversar" desinteresadamente sobre los problemas.

¿Actuar de esa forma, está llevando al país a situaciones insostenibles porque jamás se puede establecer quien tiene la razón, todos la tienen siempre y, entonces adivinen qué sucede? Pues que los problemas no se pueden solucionar.

Por ejemplo, por esas formas de ser, **los colombianos nunca han querido entender que las "discusiones" conceptuales siempre tienen que estar despojadas de ideologías políticas, sin importar cuales sean.** Si la gente entendiera esto de pronto hoy no sería un país tan "polarizado". Este tipo de afirmaciones las puedo hacer basado en mi experiencia profesional. Los grandes desarrollos tecnológicos no han servido en Colombia para ayudar a solucionar los problemas más importantes, ni para anticiparse a nuevos problemas. Las personas hoy son más agresivas en el mal sentido, no respetan a los demás y, son más abusivos. Se nota en el comportamiento diario de la gran mayoría de colombianos.

Puede parecer que solo me estoy "repitiendo" es estas afirmaciones, pero son tan graves las consecuencias que es necesario repetirlas muchas veces. Esta conclusión la puedo tener por mi "capacidad" de análisis de problemas, que siempre me sirvió para solucionar los existentes y, anticiparme a nuevos problemas. Precisamente por esa capacidad, demostrada durante toda mi experiencia profesional, puedo insistir en lo que estoy diciendo. Más adelante quedará demostrada, en la práctica, esa capacidad. Uno se puede quedar años discutiendo si eso es así, o no. Ese es precisamente una de las limitaciones de los colombianos. Ninguna discusión jamás puede aclarar nada. Siempre puede existir una opinión diferente, todos tienen siempre la razón.

En este tema hablo en términos absolutos porque es así. SIEMPRE, TODOS, JAMÁS, NUNCA, NINGUNO, NADIE, aunque a la gente no le guste, es así. ¿Un conocido mío que es figura pública se pregunta "por qué la "sociedad" tolera amigos o familiares que son criminales? ¿Por qué el saber que alguien ha cometido crímenes graves contra la sociedad no generan rechazo y aislamiento? Esto no es un tema de nuestra naturaleza colombiana, esto mismo ha sucedido en sociedades que han logrado evolucionar. En Colombia la evidencia empírica es que ser individuo, actuar solo con base en mérito y rendición de cuentas, de forma autónoma, es muy peligroso. No solo en la parte física o personal por la violencia. En Colombia el quedarse por fuera de las **roscas**, caer en desgracia con los círculos del poder es algo que se sanciona de forma brutal. Solo si se tiene familia y amigos con conexiones, se tiene algún tipo de seguro contra siniestros de este tipo.

Esto es contundente evidencia empírica de tu tesis". Lo importante no es que lo que digo es solo "evidencia empírica", es la realidad de lo que sucede.

"La falta de un sistema judicial que resuelva los conflictos entre las partes, hace necesario contar con otros mecanismos para defender derechos, propiedad y vida, o para resolver controversias. Tener la razón no sirve de nada, ni siquiera tener pruebas. Colombia opera con base en poder y sus múltiples círculos concéntricos de las diferentes ramas del poder". Esta persona tiene toda la razón en lo que está diciendo.

A los colombianos no les interesa entender los problemas porque cada uno tiene la versión correcta. A los colombianos no les interesa encontrar la solución a ningún problema porque lo que les interesa es poder seguir hablando del problema, no solucionarlo. Si uno solo habla del problema no corre el riesgo de equivocarse en la solución, nunca se equivoca y, entonces siempre tiene la razón. Mejor si no se genera ningún "conflicto". ¿Pero, si todo eso es así, entonces que importa la solución y su aplicación en la práctica?

¿Un esquema bastante sofisticado, no es cierto? La ventaja de este esquema es que NADIE se tiene que responsabilizar de NADA de lo que sucede, jamás. Lo importante solo es ser "protagonista" por lo que habla. ¿Ustedes alguna vez en sus vidas han oído a algún colombiano aceptando y diciendo que es responsable de algo que resultó mal?

Si no fuera así, las personas ya habrían empezado a encontrar soluciones, entender que las "cosas buenas" suceden porque alguien hizo algo bien y, las "malas" porque alguien hizo algo mal. Las cosas que suceden tienen una causa. No interesarse por las causas de las cosas está mal e impide encontrar las soluciones adecuadas a los problemas. ¿Dicho de otra forma, si a la gente no le interesa encontrar la solución de los problemas, entonces para qué interesarse en las causas? El círculo perfecto para nunca hacer nada.

Lo más grave de todo esto es que la sociedad entonces no puede tener ninguna esperanza de nada, aunque piense que sí la tiene. ¿Si no tienen esperanza, entonces como pueden pensar que tienen un futuro?

Hoy todos los colombianos, supuestamente, son inteligentes, educados, instruidos, trabajadores, creativos, honestos, sinceros, y piensan que tienen esperanzas, que tienen futuro y que son muy felices. Pura mentira todo eso, porque siguen teniendo los mismos problemas, solo que más graves y complicados de solucionar, con el paso del tiempo.

Esa es otra gran limitación de los colombianos, la cual probablemente está relacionada con la educación. No sé si sea cierto, pero los jóvenes y educadores de hoy no saben qué es importante en esa educación y, esa manera de ser solo está aumentando la polarización de los colombianos ante las diferentes situaciones.

No puedo creer que con toda la confusión conceptual existente en el país y el desorden que se puede observar en todas las cosas que se hacen, la gente pueda pensar que la educación haya cumplido, o esté cumpliendo con sus objetivos.

Por ejemplo, pregúntenle a cualquier joven: "Que piensa que es lo más importante que se debe buscar con la "educación"? Ninguno sabe y, muchos ni siquiera tienen una opinión. ¿Si no pueden contestar eso, cómo saben si la educación que reciben es la adecuada, o si los profesores son buenos?

Eso sí, todos tienen automóviles nuevos y celulares de última generación. Tratan de causar la impresión de estar "trabajando" siempre, aunque solo estén subiendo videos ridículos en las redes sociales. ¿Ustedes creen que algún joven hoy se ha preguntado por qué está pudiendo disfrutar de todos los desarrollos tecnológicos que está disfrutando, cuando hace 10 años no tenían casi nada?

¿Por qué hoy pueden tener lo que tienen? ¿Se habrán preguntado la definición de "desarrollo económico", en que consiste, o cómo se consigue? ¿Por qué se habla hoy de los "jóvenes milenios", los nacidos en el nuevo "milenio", como si eso tuviera que ser algo malo? ¿Por qué esos jóvenes hoy tienen problemas de responsabilidad, interés, dedicación en sus trabajos?

Las cifras macro económicas muestran que durante muchas décadas nunca se pudo lograr nada importante, hasta que en el año 2000 Colombia llegó a su nivel anímico y económico más bajo de toda su historia. ¿Por qué, en toda su historia, el país jamás había podido conseguir ningún desarrollo económico importante? Era el país con el mayor número de secuestros en el mundo, con problemas de "seguridad" que nadie sabía cómo enfrentar. La gente estaba desesperada, muchos solo pensaban en viajar a otros países para buscar trabajo, porque aquí no se podía conseguir nada.

Ninguno de mis trabajos jamás estuvo motivado por razones de protagonismo, o por razones monetarias. Las motivaciones siempre fueron la convicción que la gran mayoría de los problemas tienen solución y, que lo importante es aprender a hacer mejor las cosas, para beneficio de todos. ¿Si no es así, **qué sentido tiene la educación y el trabajo**?

Mi obsesión con este tema es la total convicción de que sin esa condición del comportamiento humano, jamás se puede conseguir desarrollo, no solo económico, sino de cualquier otra naturaleza. La gente tiene que CREER que los problemas se pueden solucionar. Lo grave es que cuando los problemas no se solucionan, la gente deja de creer que sí hay soluciones y, terminan volviéndose incrédulos y cínicos.

Es necesario repetir y repetir esto muchas veces para ver si, al final, se puede entender. Pienso que es la única forma de llegar al cambio de "actitud" necesaria, de la que hablaba antes.

Este libro es un trabajo desinteresado, juicioso, que estoy seguro aclara puntos conceptuales importantes, sobre todo en lo relacionado con el tema de *desarrollo económico*, el cual pienso se está viendo afectado por el problema de **administración de justicia**. El trabajo puede servir de borrador para un análisis a fondo sobre ese tema. Hasta ahora, nadie se ha puesto a pensar sobre lo que se requiere para conseguir desarrollo económico en una Democracia y cuál es la importancia de la administración de justicia.

Uno pensaría que nadie que haya estudiado Economía tiene esas dudas, pero en Colombia no resulta así. Como todos saben todo, opinan sobre todo y todos tienen la razón, es imposible definir qué se debe hacer. Los que nieguen que eso es lo que está sucediendo hoy en Colombia, están muy equivocados. Bueno, de pronto eso es lo que siempre ha sucedido y yo soy el equivocado, pensando que no, que es diferente y, que no llevamos 50 años hablando de los mismos problemas.

Siempre me preocupó mucho el efecto de la corrupción en nuestro "desarrollo económico". Antes del año 2000 no era un problema importante, porque no había mucho qué robar. En los 10 últimos años se volvió un problema rampante. Claro que en Colombia no existen problemas, mucho menos rampantes. Aunque los colombianos no lo crean, es un tema íntimamente relacionado con la economía y, por lo tanto, con el desarrollo económico, mi profesión. En todos los entornos políticos y económicos de todos los países es así.

Tan grande es la confusión general, en estos temas, que la gente piensa, por ejemplo, que el desarrollo social es anterior al económico y jamás podrán establecer quien tiene la razón. Además, no entienden la diferencia entre los dos. Los colombianos hablan de los problemas sociales como si no fueran económicos. Es una falta de respeto monumental de la profesión de Economía. Yo jamás he pensado que se sobre las demás profesiones. Cuando tengo dudas sobre temas relacionados con otras profesiones pregunto. Todos los colombianos saben sobre Economía y, jamás preguntan nada.

Ahora nos vamos a tener que aguantar a los guerrilleros hablando de "justicia social" y su definición de "desarrollo económico". Yo pensaba que la justicia siempre era "social", sencillamente porque es para toda la sociedad.

La gente tampoco acepta que en las discusiones sobre Economía y Desarrollo Económico es necesario entender, definir y aplicar las "responsabilidades" del Estado y los sectores privados. Nadie piensa que eso es importante.

Lo siguiente que voy a hacer es publicar mi hoja de vida para ayudar a que los demás entiendan la magnitud del problema de corrupción y, de paso ayudar a aclarar cuáles deben ser las "prioridades" del país en el tema de desarrollo económico. La publicación de la hoja de vida tiene el objeto principal de identificar en detalle los eventos de corrupción que afectaron mi vida en materia grave y, explicar cuando, como y, donde sucedieron otros eventos de alto impacto en nuestro desarrollo económico, los cuales nadie conoce.

Son eventos demasiado importantes para mí, para que alguien, por la razón que sea, vaya a decir o publicar algo que no tiene nada que ver con nada y, además se los atribuya. Claro que hasta ahora no ha sucedido, entonces es poco probable que suceda en los próximos meses.

El libro establece las prioridades básicas para que el país pueda continuar en ese proceso de desarrollo. Si la sociedad, en su infinita terquedad no lo quiere creer, no lo acepta, eso es mucho más grave. De todas formas, las prioridades quedan establecidas en este libro. Los "expertos" puede pararse en sus cabezas, alegar que no son, que son otras, o seguir hablando "irrelevancias". Los "expertos" también pueden seguir alegando que el país no puede retroceder y perder lo que se ha conseguido en los 10 últimos años y, ESO NO ES CIERTO. Si se puede perder, como ya hoy se está pudiendo observar en muchos aspectos.

El desorden generalizado en muchos aspectos es tan grande que los tercos ya casi no pueden seguir argumentando que no es así. Como el Estado no quiere hacer lo que le corresponde, los demás ciudadanos tendrán que encontrar la manera de obligarlo. Ojalá no sea con otro movimiento guerrillero durante 60 años. Allí es donde está el problema grave.

La gente tampoco quiere hacer nada y piensa que lo que tiene no se va a perder. Bueno, de pronto habrá que esperar hasta que suceda algo mucho más grave que los convenza.

En teoría no existe ninguna razón para que eso siga siendo así. **<u>Por muchas razones, es el momento de cambiar esa actitud hacia la vida, el trabajo, el país y, las demás personas.</u>** Cuando los problemas no se enfrentan, las consecuencias pueden ser muy graves, con el tiempo. Claro que la mayoría de colombianos no creen que eso pueda ser así en Colombia, pero, como siempre, están equivocados. Espero poder demostrar que es así.

Quieran, o no, los colombianos van a tener que aprender a solucionar problemas, van a tener que olvidarse de las polarizaciones, van a tener que aprender a preguntar lo que no saben, van a tener que entender lo que saben y, lo que no saben, van a tener que aprender a comportarse en sociedad, van a tener que aprender a establecer prioridades y, entender que no todos los problemas se pueden enfrentar al mismo tiempo. Van a tener que aprender que todos los problemas tienen solución, que los conflictos producidos por humanos, todos tienen solución. Los problemas no tienen solución cuando ya no hay tiempo para solucionarlos. Los que no tienen solución son los "accidentes", por eso se llaman accidentes, porque no se pueden anticipar.

IV. __HOJA DE VIDA DE JUAN GABRIEL OSPINA SARDI.__

Febrero de 1966	Tres trimestres de un M.B.A., Stockholm University, Estocolmo, Suecia. Mi padre muere y tuve que regresar a Colombia.
Junio de 1965	Bachelor of Arts en Economía, con Especialización en Desarrollo Económico. University of California, Berkeley.
Diciembre 1960	Grado de Bachiller, en el Instituto del Carmen de los Hermanos Maristas en Bogotá.
Junio 1958	2º, 3º y 4º de bachillerato en el Colegio Bolívar en Cali.
Junio 1955	4º, 5º, 6º de primaria y 1º de bachillerato en el Colegio Star of the Sea, San Francisco, California.

SEMINARIOS DE ACTUALIZACIÓN

Octubre 27-31, 1981	API - Asesorías Programas e Investigaciones en Organización y Recursos Humanos.
Mayo 1982	Seminario de Estrategia Empresarial con Jean Paul Sallenave.
Abril 6, 1994	SEMINARIUM, University of California Extension - Activity Based Costing (ABC).
Junio 3-7, 1994	SEMINARIUM, University of California Extension - Update in Cost Management.
Octubre 24-26, 1994	SEMINARIUM, University of California Extension - Implementing Activity Based Management (ABM).
Marzo 1-15, 1995	ABC TECHNOLOGIES INC. Activity Based Costing (ABC) affiliate program and workshop in Chicago, Illinois.
Marzo 16-23, 1995	ABC TECHNOLOGIES INC. The ABCs of Activity Based Management (ABM), en Chicago, Illinois.
Marzo 24-31, 1995	ABC TECHNOLOGIES INC. Applying Activity Based Management (ABM), en Chicago, Illinois.

Diciembre 2008   Publicación del libro **"COLOMBIA SIN ÁLVARO URIBE VÉLEZ"**.

Jorge Ospina Delgado y Blanca Sardi Garcés, mis padres, nacieron en Cali. Cuando se casaron pasaron la mayor parte del tiempo de su matrimonio entre Cali y la finca denominada Bitaco, ubicada alrededor del pueblo Bitaco, entre La Cumbre y Dagua, que formaban parte del trayecto de Cali a Buenaventura de los Ferrocarriles Nacionales, construido por Sebastián Ospina y, pasaba por esos pueblos. Mi abuelo compró los terrenos de la finca en esa época y mis padres la administraron durante 22 años, hasta nuestra venida a Bogotá en el año 1958. Mi infancia en Bitaco fue muy feliz. A los nueve años no había asistido a ningún colegio.

Ya se pueden imaginar lo que era el colegio del pueblo de Bitaco, por allá en el año de 1945. Mis padres me enseñaron a leer y escribir, con la ayuda ocasional de una señora de nombre Tula Bueno en Cali, cuando estábamos allá unas semanas.

En 1950 me mandan a San Francisco, California, con los abuelos paternos y asisto a un colegio, por primera vez en la vida y, durante el primer año estuve aprendiendo inglés. Esos años también fueron muy felices. Allá estuvieron conmigo Eduardo Antonio Ospina y las primas hermanas, hijas de Isabel Ospina de Mallarino. En 1956 Eduardo Antonio y yo regresamos a Cali y asistimos al Colegio Bolívar (Norte Americano), que en esa época no estaba aprobado por el Ministerio de Educación. La adolescencia entre Cali y Bitaco es muy feliz, con muchos amigos, mucho campo, perros, montadas a caballo, ordeños, paseos, juegos y viendo mucho futbol, igual que antes de viajar a EEUU. El Colegio Bolívar fue muy bueno, con profesores muy buenos, todos Norte Americanos.

Estuve tres años y en 1959 asisto al Instituto del Carmen, colegio de los Hermanos Maristas, en Bogotá, cuando la familia se traslada a Bogotá por el nombramiento de mi papá como Ministro en el primer Gabinete de Alberto Lleras Camargo.

Me gradúo de Bachiller a finales de 1960. Como toda mi educación hasta quinto de Bachillerato había sido en colegios que no estaban aprobados por el Ministerio de Educación colombiano, para graduarme tuve que presentar durante esos dos años, los exámenes finales de todos los años de colegio hasta cuarto de Bachillerato.

Vale la pena mencionar que además de todo eso, yo di el discurso de grado del año 1960 del Instituto del Carmen y, en sexto fui eximido de los exámenes finales, debido a todos los exámenes que tenía que presentar, porque tenía cinco en todas las materias.

Después de semejante odisea entro a la Universidad de Los Andes y pierdo el año. Dos de mis compañeros de clase se suicidaron porque también perdieron el año. También vale la pena mencionar que en esa época cuando un estudiante perdía un año de universidad tenía que volver a presentar los "exámenes de admisión" en la otra universidad, en la cual quería ingresar. El nombre de los compañeros suicidados era Peter Gompft y, luego me voy a la Universidad de California, Berkeley, donde jamás tuve ningún problema.

La Universidad de California, Berkeley, en esa época era la mejor universidad, en conjunto, de Estados Unidos, entre todas las universidades, estatales o privadas. La Universidad de California completa era la más grande de EEUU, con 160.000 estudiantes en todos sus campuses. Me imagino que hoy lo sigue siendo. Berkeley tenía 11 premios Nobel dando clases. La segunda etapa en EEUU sigue siendo muy feliz y también es en compañía de Eduardo Antonio Ospina, aunque no vivíamos juntos.

El conoce a su actual esposa en la universidad y, se casa allá en esa época. Después de graduado de la Universidad, y casi haber terminado un MBA en Estocolmo, regreso a Colombia por solicitud de mi papá, para irme a la finca denominada Las Flores, porque estaba muy mal de salud, se estaba muriendo y, necesitaba que yo lo ayudara, porque no había administrador en la finca. Mis hermanos estaban estudiando todavía.

EXPERIENCIA PROFESIONAL

Junio 1964	***BANK OF AMERICA, SAN FRANCISCO***
Junio 1965	Departamento Planeación Económica

DESCRIPCIÓN DEL TRABAJO

Participar en la elaboración de estudios macro económicos del Banco.

PRINCIPALES LOGROS

El Departamento me permitió elaborar un estudio que yo quería hacer para demostrar que en esa época los países suramericanos no utilizaban los recursos disponibles en la banca para efectuar proyectos de desarrollo, no como sostenían que era que no existían recursos.

RAZÓN DEL RETIRO

Viaje a Suecia

Marzo 1966　　　　　　　　*HACIENDA LAS FLORES*
Febrero 1972　　　　　　　Copropietario y Administrador

DESCRIPCIÓN DEL TRABAJO

Administrar esa finca, primero de **3.000 hectáreas** y luego de **1.000 hectáreas,** ubicada en el **Municipio de Arjona, Departamento de Bolívar,** dedicada al levante de novillos, comprando terneros de 12-15 meses y vendiéndolos como novillos de 24-28 meses para ceba. El regreso mío fue para dividir la finca, en partes iguales para los tres dueños, debido a la enfermedad de mi papá. Él quería hacer eso antes de morir.

La mayor parte del tiempo que estuve allá, administré la parte nuestra de 1.000 hectáreas. La finca fue expropiada por el Instituto Colombiano de Reforma Agraria (Incora) en 1971.

La finca no podía ser expropiada porque estaba adecuadamente explotada, teníamos derecho de exclusión de 150 hectáreas por dueño y éramos seis dueños. Yo tomé la decisión de dejar que la expropiaran, por dos razones:

1.) Había hecho un préstamo grande a largo plazo que tenía el requisito de conseguir un certificado del Incora que no iba a ser expropiada, me lo dieron, me dieron el dinero, lo invertí y, a los 10 meses la expropiaron.

2.) Un día le pagué un dinero a un oficial del ejército para que matara un ladrón de ganado, porque yo no lo había podido matar. Ese cuatrero llevaba dos años tratando de robar ganado y, nunca había podido. Siempre nos dábamos cuenta cuando iba a tratar de hacerlo, salíamos por la noche a los potreros, nos encontrábamos y no echábamos bala. Ya le había puesto una denuncia penal, pero la Policía jamás hizo nada. Un día casi me ponen preso en el aeropuerto de Cartagena cuando llegué de Bogotá, por no haber cumplido una citación a una audiencia de la demanda, la cual nunca me llegó.

Dos meses antes de recibir el decreto de expropiación se apareció un tipo de Armenia ofreciendo comprar la finca. Yo no la estaba vendiendo, pero me senté con Rodolfo Segovia Salas a negociar el precio. Después de una semana no nos pusimos de acuerdo. Cuando el tipo se iba me dijo: "negociar con el Incora es buen negocio". No entendí que diablos quería decir. Dos meses después, cuando recibí la notificación del Incora, entonces entendí. El tipo en Armenia sabía que esta finca iba ser expropiada.

Tenía 28 años y, en un momento dado pensé que me estaba convirtiendo en un "monstruo". Decidí que no podía seguir allí y, entonces dejé que la expropiaran. Nos pagaron con bonos del gobierno a 15 años, porque estaba adecuadamente explotada. Mi Papá ya se había muerto, siendo Presidente del Banco Cafetero, entonces con la familia decidimos pagarle a los bancos todo lo que la finca les debía. Duramos años pagando todas las deudas, para ver después en lo que se convirtieron los banqueros y los bancos en Colombia.

Mi primera experiencia laboral en Colombia. Además, mi primera experiencia con la **corrupción colombiana**, hace más de 40 años.

PRINCIPALES LOGROS

Producir 3.000 novillos anuales con tres empleados cuando el promedio era de una cabeza por hectárea en esa región. Hasta donde sé, eso nunca se superó.

En los seis años que estuve allá hubo dos veranos, en dos años diferentes, que no cayó una gota de agua durante un año entero. A nosotros jamás nos faltó pasto en esas "sequías" y agua tampoco. Esas fueron "sequías" mucho más fuertes, con temperaturas más altas, que las de hoy, y nadie hacía los escándalos de hoy.

Mayo 1972   *ECOPETROL S.A.*
Abril 1974   Economista en la División de Planificación y Mercados

DESCRIPCIÓN DEL TRABAJO

Desarrollar los trabajos definidos por el Director de la División.

Cuando regreso a Bogotá, después del trabajo en la finca Las Flores, no conseguía trabajo. Mi experiencia en la finca no le interesaba a nadie.

Carlos Gustavo Arrieta, padre, me consiguió un trabajo en la División de Planificación y Mercados de ECOPETROL por influencia de su amistad con Carlos Lleras Restrepo.

PRINCIPALES LOGROS

Afortunadamente, Milton Rodríguez, Director de la División de Planificación y Mercados en ese momento, me dio libertad para desarrollar los trabajos que yo estimara importantes.

ECOPETROL estaba empezando a construir una refinería en Tumaco, ya había invertido $500 MM de Col. Pesos de esa época adecuando terrenos y, pronto empezaría la construcción de otra refinería cerca de Cali. Las dos refinerías operarían con crudo importado.

ECOPETROL era una empresa más del Estado colombiano, completamente quebrada, tenía unos problemas financieros que nadie había podido solucionar, era propietaria de fincas ganaderas que tenían 15.000 cabezas de ganado para poder entregarle a los empleados sindicalizados de la USO las cantidades de carne negociadas por convención. Todos los empleados de la USO tenían carnicerías en Barrancabermeja para vender la carne que no alcanzaban a consumir. ¿Que tal el problema de ECOPETROL administrando fincas ganaderas?

En la sección del libro sobre desarrollo económico explico qué fue lo que hice para solucionar el problema y, por qué ECOPETROL en los 10 últimos años terminó convirtiéndose en la empresa más importante de Colombia.

RAZÓN DEL RETIRO

Un pariente me convenció que trabajara con él en el sector privado, que no trabajara en el sector público que pagaba muy mal. Cuando renuncié y me entrevisté en su empresa me ofrecieron bastante menos de lo que me pagaban en ECOPETROL. Jamás le volví a hablar.

Mayo 1974   *CELANESE COLOMBIANA S.A.*
Septiembre 1975   Asistente de la Presidencia

DESCRIPCIÓN DEL TRABAJO

Participar en el desarrollo de los trabajos definidos por el Presidente de la empresa y ayudar en la elaboración de los estudios de factibilidad de los proyectos de inversión.

PRINCIPALES LOGROS

Hacerles caer en cuenta a los Directivos que no podían continuar administrando la empresa sin costear por producto porque tenían muchas debilidades financieras, como tener todo su endeudamiento a corto plazo. Las empresas extranjeras en esa época no tenían acceso a los créditos de fomento.

Efectivamente, cuando los negocios se empezaron a costear por producto, encontraron que estaban exagerando en los precios de venta del Poliéster en Cali y el papel Celofán en Barranquilla subsidiando otros productos de cada fábrica que no eran rentables.

Lo que sucede de allí en adelante ya no se pudo evitar. Muy raro que cometieran ese tipo de errores, pues el grupo Celanese S.A. era Norte Americana, en ese momento.

El alto precio del Celofán le dio entrada al mercado de empaques de alimentos a todos los Polietilenos y Polipropilenos que lo sustituyeron como empaque de alimentos, independiente de su problema ecológico posterior, el cual no existía en el mundo en esa época.

Debido a la exageración en el precio del Poliéster, que era su producto estrella en Cali, el gobierno permite su importación en 1974, las ventas caen y nunca se recuperan, empiezan los problemas de caja, los bancos no ayudan porque ellos no están para ayudar y, en dos años Celanese Colombiana S.A. se quiebra, después de ser una de las empresas más rentables de Colombia en su momento.

RAZÓN DEL RETIRO

Yo sabía que se iba a quebrar, aunque nadie más lo pensaba, ni adentro o afuera de la empresa.

Septiembre 1975   *ETERNIT COLOMBIANA S.A.*
Diciembre 1976   Asistente Gerencia Administrativa

DESCRIPCIÓN DEL TRABAJO

Colaborar en el área administrativa de Eternit Colombiana S.A. en el Muña, Eternit Atlántico S.A. en Barranquilla y Eternit Pacífico S.A. en Cali, cuyas políticas eran definidas en Eternit Colombiana S.A.

PRINCIPALES LOGROS

Convencimos a la Presidencia que los inventarios de las materias primas debían ser responsabilidad de la Gerencia Administrativa.

El Gerente Administrativo y yo encontramos la forma de mejorar el manejo de los inventarios de materias primas de las tres empresas.

Fuimos la primera empresa en Colombia en conseguir el "levantamiento de la bandera" en el transporte marítimo para la importación de materias primas.

Redujimos los inventarios de más de 18 meses a tres meses y, como resultado de esto, en 1976 generamos US$10 Millones de excedente de Caja. Con ese dinero, colocado a interés en el mercado por varios años, Eternit Colombiana S.A. después compra el 50% de Pavco S.A.

RAZÓN DEL RETIRO

Una empresa muy pasiva, con dueños que nunca pensaron en crecer.

Enero 1977　　　　　　　　*INDUSTRIA CERAMICA LTDA.*
Agosto 1978　　　　　　　Gerente General y Representante Legal

DESCRIPCIÓN DEL TRABAJO

Dirigir esta empresa que pertenecía a Cementos Samper y Cementos Diamante y producía productos refractarios para las empresas con hornos de altas temperaturas, como las fábricas de cemento y las siderúrgicas.

PRINCIPALES LOGROS

Ninguno importante. La empresa tenía muchos problemas de producción que nunca se pudieron solucionar porque los dueños no quisieron hacer las inversiones necesarias y, se cierra poco tiempo después de mi retiro.

RAZÓN DEL RETIRO

Una empresa que realmente no valía la pena, aunque todavía conservo buenos amigos de esa época.

Agosto 1978   ***ACEGRASAS S.A. - FAGRAVE S.A.***
Febrero 1980   Vicepresidente Financiero y Administrativo

DESCRIPCIÓN DEL TRABAJO

Desarrollar, implementar y administrar las políticas financieras de las empresas y negociar el endeudamiento con el sistema financiero.
Elaborar flujos de caja a muy corto plazo para evitar problemas financieros inmediatos en las empresas, y administrar las tesorerías.

PRINCIPALES LOGROS

Ninguno importante, debido al esquema de dirección definido en esa época para todas las empresas de Rafael Espinosa Hermanos, en ese momento por Rafael Espinosa Rentería.

RAZÓN DEL RETIRO

Conflictos de trabajo con uno de los yernos de Rafael Espinosa.

Febrero 1980   ***PAVCO S.A.***
Septiembre 1984   Asistente de la Vice-Presidencia Financiera

DESCRIPCIÓN DEL TRABAJO

Responsabilidad sobre la planeación y consecución de financiación a largo plazo de todos los proyectos de inversión de activos fijos, y necesidades de capital de trabajo de esos proyectos.

Responsabilidad sobre la determinación e implementación de las políticas financieras de las diferentes compañías del grupo, en ese momento, Pavco S.A., Petroquímica Colombia S.A., Filmtex S.A., Minipak S.A., Poliquímicos S.A., Tuvisol S.A. y Carboquímica S.A y negociación de los cupos y condiciones de endeudamiento con las entidades financieras.

Responsabilidad en la administración de las garantías con entidades financieras, definición de las pólizas de seguros de Pavco S.A. y, participación en la elaboración de presupuestos a corto, mediano y largo plazo.

Responsabilidad sobre la Tesorería, elaboración de Flujos de Caja, y administración de cartera de la empresa.

PRINCIPALES LOGROS

Definir las **mejores estrategias financieras** para el grupo de empresas y definir la mejor forma de negociar con el sistema financiero colombiano y extranjero.

Las negociaciones e implementación de esas estrategias contribuyeron en forma definitiva al crecimiento de todas las empresas y ayudó a convertirlas en el importante grupo industrial que fue antes de su posterior venta.

Aunque era uno de los grupos industriales más grande del país, en ese momento y, todavía no se conocía como Sanford, las utilidades del grupo de empresas, en un momento dado eran el 30% financieras, debido a los aciertos del manejo financiero desde Pavco S.A., en varias monedas simultáneamente.

RAZÓN DEL RETIRO

Cambio drástico en el estilo de gerencia de Pavco a raíz de varios secuestros, el viaje de los dueños a EEUU, sin saber si regresarían a Colombia. Aunque regresaron, jamás volvió a ser igual y, unos años después comienza la desvinculación, con la venta gradual de las empresas.

Septiembre 1984   *CIA. COLOMBIANA AUTOMOTRIZ S.A.*
Septiembre 1986   Vicepresidente Financiero y Administrativo
y Representante Legal

DESCRIPCIÓN DEL TRABAJO

Responsabilidad sobre la determinación, negociación e implementación de las políticas financieras de las compañías de la familia Kassin Nessin.

Elaboración de las solicitudes de aumento de precios al Ministerio de Desarrollo.

Responsabilidad sobre la consecución de financiación de las inversiones de activos fijos, negociación de los cupos y condiciones de endeudamiento con entidades financieras.

Participación en la negociación con el Ministerio de Desarrollo del convenio para la libertad de precios que se obtuvo a partir de Julio de 1.985.

Responsabilidad sobre el área de Relaciones Industriales de la compañía y participación en la determinación de las políticas a seguir durante la negociación de las convenciones colectivas.

Participación en la determinación de los precios de venta de los vehículos, en la programación de producción, desarrollo de las especificaciones de los vehículos, introducción de nuevos modelos y determinación de condiciones de venta a los concesionarios.

PRINCIPALES LOGROS

Definir la mejor alternativa de reestructuración financiera de la Compañía Colombiana Automotriz S.A., Industrias Kapitol S.A. y Manhattan de Colombia S.A., como grupo, pertenecientes a la familia Kassin Nessin, acordada en Noviembre de 1.985 con el sistema financiero, Sumitomo Corporation y Mazda Motor Corporation (en el caso de la CCA).

El acuerdo negociado con Jean De Vries del Banco de Colombia fue el utilizado por el sistema financiero y las empresas para salir del concordato, después de mi retiro y la muerte de Jean en el avión de Avianca del vuelo Bogotá – Cali, explotado por los narcotraficantes saliendo de Bogotá.

RAZÓN DEL RETIRO

La única empresa que en un momento dado debía haber entrado en concordato era Manhattan de Colombia S.A.

Cuando todas son obligadas por el sistema financiero a entrar en concordato tomé la decisión de renunciar. Ni los ladrones fueron tan ladrones, ni los honestos tan honestos en la solución de este problema.

Junio 1987   ***MANUFACTURAS AJOVER S.A.***
Abril 1988   Vicepresidente Financiero

DESCRIPCIÓN DEL TRABAJO

Responsabilidad sobre el área de contabilidad, elaboración y presentación de estados financieros.

Administración de la tesorería de la empresa.

Responsabilidad en la implementación de un programa integrado de sistemas en las áreas contable, ventas, compras, pagos, y nómina de la empresa.

No participé en la implementación del programa en el área de producción.

Responsabilidad y administración de las garantías y pólizas de seguros.

Responsabilidad y administración de las compras de algunas materias primas de la empresa.

PRINCIPALES LOGROS

Definir y negociar la mejor forma de financiar la construcción de la fábrica de Poliestireno (Dexton Ltda.) en Mamonal, Bolivar, utilizado como materia prima en Manufacturas Ajover.

Este proyecto no lo habían podido desarrollar por no saber cómo financiarlo a largo plazo. Yo encontré la forma de financiarlo a largo plazo y, la planta está en Mamonal.

Ayudar en la implementación de un programa integrado de información de producción, contabilidad y financiera en la empresa. Este programa era muy avanzado en su momento. Ninguna empresa industrial utilizaba en ese momento ese tipo de programa.

RAZÓN DEL RETIRO

Un estilo de gerencia, en esa época, bastante extraño, cansón y maltratador de parte de su dueño Élis Douer. Para empezar le gravaba las conversaciones telefónicas a los empleados. Mi oficina tenía una gotera de agua que nunca quisieron arreglar, yo me tenía que sentar en una banca de madera, mi escritorio tenía una superficie de caucho llena de marcas.

Élis Douer sentaba en el piso, mirando a una esquina de su oficina a los empleados que quería castigar y, con mucha frecuencia contrataba empleados y los despedía con menos de un día de trabajo.

Noviembre 1988	***ACEGRASAS S.A. - FAGRAVE S.A.***
Septiembre 1992	Vicepresidente Financiero y Administrativo
	Representante Legal Acegrasas S.A. de Julio 1991
	a Septiembre 1992

DESCRIPCIÓN DEL TRABAJO

Mi relación laboral con Fagrave S.A. era una vinculación por honorarios y con Acegrasas S.A. como empleado. Había una tercera empresa que era Aceites del Combeima S.A., con una vinculación por honorarios también. El proceso de la demanda solo se refiere al faltante de aportes de mi vinculación laboral con Acegrasas S.A. Mi nombramiento como Presidente de Acegrasas S.A. entre Julio de 1991 y Septiembre de 1992 no cambia las responsabilidades operativas descritas.

Mi nombramiento como Presidente, fue para la representación legal de la empresa en algunas relaciones externas, pero el área de Relaciones Industriales siempre dependió, en su operación, primero de Carlos Hugo Escobar y luego de Carlos Antonio Espinosa.

DESCRIPCIÓN DEL TRABAJO

El trabajo consistía en la responsabilidad sobre las áreas financiera, tesorería, contabilidad, impuestos, compras, presupuestos y sistemas de las empresas de aceites y grasas vegetales de Rafael Espinosa Hermanos.

Elaborar flujos de caja para determinar el endeudamiento requerido por las empresas y administrar las tesorerías.

Participar en la definición de las necesidades de compra, obtención de licencias de importación y, negociación de precios de las materias primas, con base a los programas de producción, niveles de inventarios requeridos y capacidad de endeudamiento.

Desarrollar un programa de computador para simular y proyectar necesidades de compras de materias primas y resultados financieros cambiando la mezcla de productos producidos.

Participar en el diseño, desarrollo e implementación de una contabilidad de costos estándar, desde la determinación de todos los estándares de calidad de compra de materias primas, estándares de consumo, estándares de rendimientos por proceso y diseño de los estados financieros, hasta la implementación de la metodología de análisis de resultados, un nuevo sistema de información y, elaboración de presupuestos.

Negociar y administrar los seguros y garantías de las empresas.

Desarrollar, implementar y administrar las políticas financieras de las empresas y negociar el endeudamiento con el sistema financiero.

Definir las declaraciones de renta e impuestos por pagar y negociar las devoluciones de IVA resultantes en esa época. En esa época los productos vendidos por estas empresas no estaban gravados con IVA.

Ayudar a definir necesidades de sistematización de las empresas con el Departamento de Sistemas de Rafael Espinosa Hermanos (Racafé) y coordinar sus desarrollos. Este siempre fue un punto de discordia con el Presidente porque yo pensaba que debíamos comprar programas hechos y no desarrollarlos en Racafé porque nunca se terminaban.

Participar en la determinación de precios de venta y la definición de políticas de mercadeo.

PRINCIPALES LOGROS

Al comenzar mi trabajo en estas empresas, sabía que la situación financiera de todo el sector era precaria. Cuando profundicé en la forma de costear la operación y analizar los resultados, rápidamente le manifesté a los dueños que se debía diseñar e implementar una contabilidad de costos. Se definió que fuera un costo estándar.

Mientras se desarrollaba se definió crear una Vicepresidencia de Compras, quitándole temporalmente esa responsabilidad a la Vicepresidencia Financiera y Administrativa debido a la gran cantidad de tiempo y trabajo requerido para comprar las materias primas en ese sector, en esa época.

Primero, fue necesario determinar la estrategia financiera a corto plazo requerida para salvar a las empresas de una situación financiera muy complicada existente en 1989. Mejor dicho Acegrasas S.A. y Fagrave S.A. estaban quebradas.

A comienzos de 1989 la situación financiera de las empresas tocó fondo y en ese momento mi principal responsabilidad se volvió salvar las empresas de la quiebra. Digo mi responsabilidad, porque la primera solución al problema era estrictamente financiera. Ni los dueños, ni las personas de las otras áreas habían encontrado la solución.

Tampoco la habían encontrado en el pasado y, los dueños fueron los responsables de haber llegado a la situación de ese momento.

Sin profundizar mucho en cada punto, la "solución financiera" básicamente consistió en los siguientes desarrollos y logros:

1) En el año de 1989 las empresas pagaban $450 MM mensuales en intereses por un endeudamiento de $16.000 MM. Yo encontré la forma de pagar $220 MM mensuales con el mismo endeudamiento.

2) Al tener unos costos de proceso menos inexactos y terminar de desarrollar un programa de simulación de resultados se encontró que era mejor exportar aceite de Palma Africana a la mitad del precio nacional y tener acceso a licencias de importación de aceites crudos (convenio con Ministerio de Desarrollo), evitando así comprar las cosechas nacionales de semillas.

Esto permitió <u>grandes disminuciones en los costos de producción</u> por la eliminación de todos los procesos de extracción de aceites, la producción y venta de tortas con precios controlados y la disminución en las necesidades de capital de trabajo (endeudamiento) por la reducción de inventarios de semillas. Con esto se pudo <u>parar el aumento de endeudamiento.</u>

Las empresas de ese sector, en esa época, tenían que comprar las materias primas nacionales para conseguir las licencias de importación de los aceites que los dueños querían producir. En ese momento Acegrasas S.A. sola compraba 140.000 toneladas al año de semillas de algodón, ajonjolí, y girasol.

Las pujas comenzaban con los "precios de sustentación" al comenzar las cosechas, pero al final estaban comprando semillas mucho más costosas para tener las licencias de importación de aceites que pensaban que necesitaban.

Al mejorar la información de costos (aunque al comienzo no podíamos ni comprar los computadores requeridos para obtener la información de variaciones de precio y cantidad por referencia de producto en el costeo estándar), se pudo definir que había que dejar de producir y vender, en forma inmediata, <u>2.000 toneladas mensuales de aceites líquido</u>s que eran los productos que tenían mayor problema de precio de venta y márgenes de contribución.

3) En 1989 las empresas vendían 70% de productos líquidos y 30% de sólidos. Las áreas de Producción y Desarrollo de Productos se dedicaron entonces a desarrollar nuevos productos sólidos.

Acegrasas S.A. fue pionera en el desarrollo de todas las margarinas industriales, de mesa y aceites para diferentes climas, sobre todo con base al Aceite de Palma.

En un par de años la composición de ventas se había invertido a 70% sólidos y 30% líquidos, lo cual permitió mejorar los resultados considerablemente. Esto permitió <u>grandes disminuciones en los costos de producción</u> y, se pudo <u>parar el aumento de endeudamiento.</u>

En esa época las cuatro empresas más grandes del sector eran: Rafael Espinosa Hermanos, Lloreda Grasas S.A., Grasco S.A., y Aceitales S.A. El sistema financiero ni siquiera se dio cuenta del problema de Acegrasas S.A, Fagrave S.A: y Aceites del Combeima S.A.

Nosotros arreglamos nuestro problema financiero, mientras Aceitales S.A. se liquidó y Lloreda Grasas S.A. quedó en poder del sistema financiero porque nunca pudo parar el crecimiento de su endeudamiento.

La mayoría de las demás empresas medianas y pequeñas del sector también fueron desapareciendo con el tiempo.

Arreglado el problema financiero, en 1990 las responsabilidades de compras regresaron a la Vicepresidencia Financiera y Administrativa y las empresas continuaron creciendo apoyadas en las nuevas estrategias definidas.

Una vez solucionado el problema financiero, era necesario encontrar la estrategia de crecimiento a mediano y largo plazo para cambiar los resultados, obtener utilidades después de muchos años de pérdidas y convertir las empresas en las líderes del sector que son actualmente.

La idea de buscar una asociación con alguna otra empresa con mayor vocación en esa área nace en una reunión en mi casa con Carlos Antonio Espinosa.

Esta parte fue ejecutada, posteriormente a mi retiro, pero la idea que se asociaran con Casa Luker S.A. fue mía. Estas empresas hoy forman parte de TEAM, la primera empresa exportadora del sector.

Imagínense, yo soy el que encuentro la solución financiera de esas empresas, hoy existen por mí, la familia Espinosa no fue la que encontró la solución a sus problemas financieros y, son los dueños los que me roban una parte importante de mi pensión.

En el año 2002, cuando ya me puedo pensionar encuentro que Acegrasas S.A. no hizo los aportes desde el año 1988, hasta el año 1992. Me quitaban los aportes, pero no hacían los pagos a la seguridad social.

Siempre pensé que la maldad sin razón no tiene perdón. El problema no es que algo así pueda suceder, el problema es que no se pueda corregir, si se puede demostrar el delito.

RAZÓN DEL RETIRO

Pensé que era el momento de independizarme, un poco cansado y desilusionado de los "empresarios" colombianos.

Septiembre 1992   *SOLUCIONES ESTRATEGICAS LTDA.*
Junio 1998   Presidente y Fundador

DESCRIPCIÓN DEL TRABAJO

Fundador y Presidente de esta empresa de consultoría en las áreas de contabilidad, administración de costos, sistemas de información y financiera, para empresas manufactureras y de servicios.

PRINCIPALES LOGROS

Análisis financiero y contable de los estados financieros de empresas, para establecer su verdadera situación y poder valorarlas adecuadamente, en operaciones de compra, venta, alianzas o fusiones, para Administradora del Progreso Ltda., Alefh S.A. y Humana S.A.

Evaluación financiera y administrativa de empresas, con el objeto de determinar la mejor alternativa de solución a problemas financieros existentes, para entidades financieras, empresas manufactureras o socios de las empresas, como Abraham Ibarra y Cía. S.A. - Almacenes Magali París en Cartagena y Plastihogar Ltda. en Bogotá.

Asesoría en la definición de contabilidades de costos para Grasas S.A., Sucesores de J. J. Restrepo y Cía. S.A. - Casa Luker., Latinoamericana de Seguros S.A., Latinoamericana de Seguros de Vida S.A., Compañía de Seguros Ganadera S.A. Diseño e implementación de una contabilidad de Costos por Actividad y un sistema de información para Administración por Actividad en casa Luker.

Elaboración de peritazgos financieros en tribunales de arbitramento para Prieto, Carrizosa & Asociados.

AREAS DE EJERCICIO DE

SOLUCIONES ESTRATEGICAS LTDA.

SISTEMAS DE INFORMACIÓN

Diseño del sistema de administración por actividad (ABM), basado en la información de una contabilidad de costos por actividad (ABC) que permita el mejoramiento continuo del valor recibido por los clientes y la utilidad recibida por la empresa por proporcionar ese valor.

Asesoría en la definición de contabilidades de costos para empresas:

➢ Diseño e implementación de contabilidades de costos por actividad (ABC).

➢ Diseño e implementación de contabilidades de costos estándar.

➢ Diseño e implementación de cualquier otro sistema o contabilidad de costos deseada por la empresa.

➢ Suministro del software requerido por la empresa para utilizar la contabilidad de costos por actividad ABC y el sistema de administración por actividad (ABM).

➢ Asesoría en la definición de la metodología de análisis de estados financieros más adecuada para la empresa.

➢ Asesoría en el diseño e implementación del sistema de administración estratégica que permita integrar las decisiones de la administración de la empresa, a corto plazo, con sus estrategias a largo plazo.

ESTUDIOS DE FACTIBILIDAD

Elaboración de estudios de factibilidad, para empresas en cualquier sector de la economía colombiana o grupo andino.

ESTUDIOS DE MERCADO

Elaboración de estudios de mercado o sectoriales, para empresas en cualquier sector de la economía colombiana o grupo andino.

VALORACIÓN DE EMPRESAS

Análisis financiero y contable de los estados financieros de las empresas, para establecer su verdadera situación actual y poder valorizarlas adecuadamente, en operaciones de compra, venta, alianzas o fusiones.

ASESORÍAS FINANCIERAS

Evaluación financiera y administrativa de la empresa, con el objeto de determinar la mejor alternativa de solución a problemas financieros existentes, para entidades financieras, empresas manufactureras o socios de la empresa.

Asesoría en la elaboración de flujos de caja y administración de efectivo en la empresa.

Determinación de la estructura óptima de capital a largo plazo que permita aumentar permanentemente el valor del capital social de la empresa.

Elaboración de peritazgos financieros en tribunales de arbitramento.

Determinación y consecución del endeudamiento requerido en la empresa, para satisfacer sus necesidades de capital de trabajo y de inversión en activos fijos.

Asesoría en la renegociación, con el sistema financiero, de todas las condiciones crediticias existentes de la empresa, con el objeto de mejorar sus condiciones de tasas, plazos, forma de pago y estructura de garantías.

Elaboración de prospectos de emisión y colocación de acciones, bonos, papeles comerciales y demás títulos, de acuerdo a los requerimientos de la Superintendencia de Valores y de registro en las Bolsas de Valores de Santafé de Bogotá, Occidente o Medellín.

ASESORÍAS ADMINISTRATIVAS

Elaboración de manuales de procedimientos e instrucciones sobre elaboración de estados financieros y presupuestos, de acuerdo al sistema de costos, sistema de información y metodología de análisis de resultados existente o definido en la empresa.

Definición de la estructura administrativa requerida por la empresa.

Asesoría en el análisis de la exposición de riesgo de activos y definición de coberturas de seguros.

CLIENTES REPRESENTATIVOS

- ❖ Administradora del Progreso Ltda.
- ❖ Alefh S.A.
- ❖ Banco Ganadero S.A.
- ❖ Abraham Ibarra y Cía. S.A. - Almacenes Magali París
- ❖ Humana S.A.
- ❖ Grasas S.A.
- ❖ Farmacápsulas de Colombia S.A.
- ❖ Sociedad Portuaria Regional de Santa Marta S.A.
- ❖ Sucesores de J. J. Restrepo y Cía. S.A. - Casa Luker.
- ❖ La Nota Económica S.A.
- ❖ Latinoamericana de Seguros S.A.
- ❖ Latinoamericana de Seguros de Vida S.A.
- ❖ Fabripartes S.A.
- ❖ Compañía de Seguros Ganadera S.A.
- ❖ Prieto, Gutiérrez, Carrizosa & Asociados.
- ❖ Yazaki - Ciemel Ltda.
- ❖ Federación Colombiana de Especialistas en Laboratorios Clínicos, FECODEL.
- ❖ Asociación de Bacteriólogos Javerianos, ABJ.
- ❖ Asociación de Bacteriólogos Sindicalizados del Seguro Social, ASBAS.
- ❖ Consulpandi Ltda.
- ❖ Compare Ltda.
- ❖ Representantes Inmobiliarios S.A.
- ❖ Plastihogar Ltda.

Junio 1998	*MINIPAK S.A.*
Febrero 1999	Vicepresidente Financiero

DESCRIPCIÓN DEL TRABAJO

Desarrollar, implementar y administrar las políticas financieras de las empresas y negociar el endeudamiento con el sistema financiero.

Responsabilidad sobre la administración de la tesorería de la empresa.

Responsabilidad sobre la administración de la cartera de la empresa.

Responsabilidad sobre la administración del área de sistemas de la empresa.

PRINCIPALES LOGROS

Ninguno importante.

Febrero 1999   *MOVINET S.A.*
Abril 2001   Gerente General

DESCRIPCIÓN DEL TRABAJO

Gerente General, socio y fundador de una empresa de servicios de diseño de la secuencia óptima de distribución de productos de consumo masivo en empresas manufactureras.

PRINCIPALES LOGROS

Ninguno. La empresa dejó de operar en Mayo del año 2001, sin haber logrado venderle el servicio a ninguna empresa.

Mayo 2001   *DAY TRADER EN EL NASDAQ*
Diciembre 2013

DESCRIPCIÓN DEL TRABAJO

Fundador de una empresa extranjera constituida para transar en tiempo real, en directo desde Bogotá en el Nasdaq.

En esa época era la única persona en Colombia autorizada para transar, largo o corto, desde Colombia por las bolsas y los corredores de bolsa Norte Americana.

Enero 2014 – A LA FECHA   *RETIRADO*

V. ADMINISTRACIÓN DE JUSTICIA EN COLOMBIA.

APLICACIÓN DE LAS LEYES.

Sin mencionar Decretos y Artículos de la Constitución, Resoluciones y demás Leyes que se están violando en tal o cual momento, o situación, es necesario y conveniente filosofar un poco sobre los conceptos económicos y administrativos más importantes en la vida de las democracias y, por lo tanto, la convivencia social de las personas. Es necesario hacer esto debido al **problema tan monumental en la aplicación de las leyes,** en Colombia, debido a la terquedad del sector público de aceptar sus errores y su actitud equivocada para tratar de resolverlos. El Estado es el responsable de la administración de justicia, pero ha sido el mayor generador de corrupción en Colombia históricamente, por incompetencia, por corrupción de los empleados públicos, o porque permite la corrupción de los ciudadanos privados. **Lo que no puede seguir igual, si queremos pensar en todo lo anterior, es que las leyes siempre se administren con intimidación, abuso a los usuarios y arbitrariedad en su aplicación**.

Aunque esa ha sido la historia colombiana, está mal y, ya deberíamos preocuparnos por cambiar eso, trabajando "todos por un nuevo país", más democrático y justo, de verdad. Las Leyes y Resoluciones están escritas en Castellano, idioma fácil de interpretar y entender, si las aplicaciones en la práctica son desinteresadas, por parte de los empleados públicos. Probablemente, en muchos casos, se requiere legislación diferente y, que las entidades públicas se "modernicen" más en los últimos desarrollos tecnológicos, para prestar un mejor servicio a los ciudadanos y, ser más eficientes en la administración de su trabajo. De todas formas, hoy tienen el dinero.

Para lograr eso las entidades públicas tienen que reconocer e identificar las cosas que están haciendo mal, buscar la forma de corregirlas y, definir cuáles efectuar en forma diferente. Es el momento de hacerlo. De todas formas, mientras exista nueva legislación y, se pueda hacer todo lo demás, la responsabilidad de esas entidades públicas, es **aplicar correcta y desinteresadamente las leyes actuales**. ¿Que pueden perder los empleados públicos por hacer eso, fuera de la posibilidad de un soborno? ¿Entonces será que todos son CORRUPTOS? Los resultados buenos generalmente significan trabajar en forma diferente, de allí en adelante y, los malos solo se convierten en "corrección" de problemas.

Todos los municipios del país están creciendo mucho más que antes y, eso significa muchas situaciones diferentes a las pasadas, lo cual significa que el trabajo de todos los ciudadanos, públicos y privados, se debe efectuar en formas muy diferentes a como lo han hecho hasta ahora. Durante décadas he luchado en muchas formas, por una adecuada administración de justicia y, por mejorar **el monumental problema colombiano de la aplicación de las leyes**, origen de la corrupción y, una parte de la inadecuada administración de justicia, que nadie en el país ha querido enfrentar. Todo eso está terriblemente mal y produce inmensa tristeza. El problema no es que alguien cometa algún tipo de delito, el problema es que ese delito no se pueda corregir, si se puede demostrar lo contrario. Es absolutamente aterradora la terquedad, la obtusidad, el egoísmo, la arbitrariedad, el abuso de las personas en todo lo que hacen, todo lo cual se traduce en incapacidad para PENSAR, entender y aprender cómo hacer mejor las cosas. ¿Por qué los colombianos no quieren aprender a hacer mejor las cosas, no solo en su trabajo, sino mejorar su comportamiento general?

La confusión conceptual sigue siendo igual que siempre y, ninguna discusión conduce a nada porque todas las personas tienen la razón y todo lo saben. Yo sé, algunos o muchos pensarán que el "arrogante" que todo lo sabe soy yo. La diferencia es que yo sé lo que se y lo que no sé. No trato de ser "importante" hablando mierda, o sea, hablando sobre lo que no sé. Los políticos y Abogados encargados de la administración de justicia y la aplicación de las Leyes, son CORRUPTOS y, solo se interesan por mantener esa corrupción. No existe una sola actividad del Estado que no sea corrupta y las demás personas no son capaces de hacer nada, solo son capaces de seguirle pidiendo al Estado la "solución de sus problemas", sin importar el entendimiento de cómo puede suceder eso.

A la gente solo le interesa seguir hablando inutilidades sobre las cosas que pasan, no en buscar las soluciones, ni cómo aplicarlas en la práctica. ¿Si los Estados son los encargados de administrar justicia siempre, por qué a tantos empleados públicos no les interesa hacerlo? ¿Por qué pueden actuar así? ¿La única respuesta solo puede ser, por la "corrupción" y, entonces por qué a las víctimas de esa corrupción tampoco les interesa solucionar el problema? La única respuesta también solo puede ser, por su participación en la "corrupción".

Eso significa que la gran mayoría de colombianos son CORRUPTOS. ¿Tendría uno que pensar, que hacemos unos pendejos luchando contra el deseo de la gran mayoría de la población corrupta de un país? Ah sí, existen "muchos" colombianos tratando de hacer lo correcto, sobre todo en las redes sociales, los medios y, diferentes "organizaciones", pero eso realmente no es verdad.

Si uno tuviera que RESUMIR todos los pensamientos anteriores, solo hay UNA conclusión que es más importante que todo lo demás:

Aplicar las Leyes honesta y desinteresadamente, de acuerdo a la definición de ADMINISTRAR JUSTICIA en una Democracia.

¿Cómo diablos será que el Estado colombiano piensa administrar el "post-conflicto" con los problemas tan monumentales de aplicación de las Leyes y corrupción que existen? ¿Será que todos esos problemas desaparecerán con la firma de "la PAZ"? A nadie si quiera se le pasa por su cabeza que el "desarrollo económico" conseguido hasta ahora, se puede perder nuevamente en el tiempo. Hace 20 o más años era muy fácil encontrar la forma de presionar al Estado para obligarlo a actuar correctamente. Los llamados ciudadanos nunca quisieron, porque eso no era problema de ellos y, además que susto. Que suerte la de todos los colombianos que las redes sociales y desarrollos tecnológicos del mundo finalmente les permitieron ser como siempre quisieron ser. Hoy es mucho más complicado, por no decir imposible, si no quieren oír, ni entender nada.

He llegado a la conclusión que la única forma de conseguir un resultado es mediante una **OCTAVA PAPELETA**. La única forma de lograr ENDEREZAR EL RUMBO DEL PAÍS es, inicialmente, con una adecuada administración de justicia, modificando la estructura judicial, el desarrollo de los procesos judiciales y la filosofía de los castigos actuales. El Estado es el RESPONSABLE de administrar justicia, pero no lo quiere hacer adecuadamente. La única forma de obligarlo es mediante un REFERENDO del "Constituyente Primario", que convoque una Constituyente para esa definición. En este grupo buscamos gente que apoye **LA OCTAVA PAPELETA** para que en las elecciones del 2018 se pueda votar el REFERENDO, si se pueden conseguir los 2 millones de votos necesarios. Si los colombianos realmente quieren hacer algo y, hasta ahora no han podido, pues ésta es la forma de hacerlo. Estamos tratando de promocionar el grupo para conseguir las firmas requeridas. Si no se logra, no habrá nada que hacer y los colombianos tendrán que atenerse a las consecuencias.

El lenguaje de todos los documentos judiciales es un chiste. Es la repetición, de la repetición, de la repetición en todas las frases y todos los párrafos. Solo repiten y repiten lo mismo. Los Abogados colombianos dicen cosas tan ridículas como que la aplicación de las leyes es muy complicada porque el origen de su lenguaje es "Romano" y no "Anglo-sajón". No saben qué más inventarse para justificar la corrupción.

Que poca autoestima se tienen los ABOGADOS en Colombia. ¿Por qué no han pensado jamás en organizar un "plantón" para protestar por los problemas de la administración de justicia generados por el ESTADO? ¿Todo en Colombia se reduce a mermeladas, coimas y, sobornos, para ser exitoso como ABOGADO? ¿Será que para eso es el estudio y trabajo de ABOGADO en Colombia?

Durante muchos meses, o años, la parcialidad de los medios hacia algunos personajes o sucesos ha sido muy evidente y, hoy lo sigue siendo. Un ejemplo reciente es el caso de **REFICAR**. Las entrevistas a los "personajes" de turno siempre son superficiales, y jamás se concentran en los puntos importantes.

Independiente de los delitos que ya sucedieron, resulta que los **"detrimentos patrimoniales" s**on producto de malas administraciones y no de corrupción. Ningún personaje jamás es responsable por una "mala administración" y, las malas administraciones no son delitos, en cambio la corrupción sí. El problema es que en estos casos no hay "plantones" exigiendo JUSTICIA, como en miles de otros casos que pasan desapercibidos y los medios jamás ventilan, aunque ellos no son MERMELADOS.

Antes del plebiscito opiné que no importaba si ganaba el SI o el NO. Dije que "EL ESTADO COLOMBIANO ES TAN INEFICIENTE, CORRUPTO, MENTIROSO Y, DESPISTADO EN TODO LO QUE HACE, QUE NO PODRÁ PONER A FUNCIONAR NADA, EN LA PRACTICA". Hoy vuelvo y repito lo mismo, no importa lo que se firme, como se refrende, el número de correcciones (fe de erratas) que le hagan, "EL ESTADO COLOMBIANO ES TAN.................". Claro que esa discusión es imposible de definir. Otra vez, habrá que esperar unos cinco años para ver quien tuvo la razón. Pero, de todas formas, si no funciona la implementación, los "funcionarios" del Estado siempre podrán hacer responsables a los que votaron NO por el acuerdo de PAZ, la quiebra del Estado ante la imposibilidad de hacer todas las reformas fiscales que se necesitaban, la caída de los precios del petróleo, los inviernos, las sequías, o.................

Los ovejos descerebrados siempre pueden pensar que la implementación si está funcionando, que es un país más maravilloso, más justo, con más diálogo, más equidad, más justicia social, con más.......... y, que además tenemos ya DOS PREMIOS NOBEL, solo faltando el de ECONOMÍA.

Que tal todas las discusiones sobre la legalidad o ilegalidad de las reformas requeridas en la implementación de los acuerdos de PAZ y la forma cómo se debe hacer. Todo eso son más ejemplos del problema de administración de justicia.

Para no seguir haciendo lo que los colombianos hacen todo el tiempo, presento un BORRADOR de la solución realmente requerida. Una parte del problema es la aplicación de las leyes y, la otra el desarrollo de los procesos judiciales, parte de todo el tema de administración de justicia.

DISEÑO DE UNA REFORMA JUDICIAL ADECUADA

Este análisis se refiere únicamente a los entornos políticos democráticos y económicos de mercado. NO se refiere a los problemas de corrupción de ningún otro entorno político o económico. Es importante hacer esta aclaración porque la forma de enfrentarlos es diferente.

Por qué **ninguna** de las **reformas a la justicia** efectuadas en Colombia desde hace décadas ha solucionado los problemas judiciales del país? Por qué la sociedad no ha podido solucionar nada, a pesar de todo el tiempo que le dedica? Por qué los problemas de corrupción solo se siguen agravando? Por qué se llegó a esa situación de corrupción tan grave? Por qué ha existido durante tanto tiempo? Así como en muchas situaciones, iguales o parecidas, encontradas durante la vida, cuando las personas han tenido que enfrentar problemas, **han encontrado que existen, sencillamente, porque pueden existir**. Si las personas dejan que los problemas sucedan, entonces existen.

La corrupción existe porque hemos dejado que exista. Como no es combatida adecuadamente, puede continuar existiendo. La primera pregunta que cualquier persona desinteresada se tendría que hacer es, por qué en Colombia a nadie le ha interesado realmente entender y enfrentar el problema en la forma adecuada?

¿Por qué no se ha tratado de buscar la forma adecuada? Si uno está de acuerdo que la corrupción existe porque puede existir, y puede existir porque no es combatida adecuadamente, entonces que es lo que pasa? Existe porque alguien se está lucrando y, entonces quieren perpetuar la situación? Será simple incapacidad?

Un argumento muy popular entre los colombianos que tanto quieren a su país, es que "la corrupción es un problema mundial", "todo el mundo se volvió corrupto". Sofismas de distracción para seguir sin hacer nada. Claro, la corrupción existe en todas partes, pero más en unas que otras. Por eso hasta existen clasificaciones de países según sus niveles de corrupción, hechas por organismos internacionales. También es muy común oír que los problemas no se pueden corregir porque tratar de hacerlo es "utópico". Los corruptos han llevado a las demás personas a pensar que lo normal es la ambigüedad, la "complejidad de todas las cosas", que esas "cosas" no se pueden cambiar.

Las "cosas" son así, porque sí, porque el cosmos las definió así y, todos seguimos tranquilos, porque es más fácil no hacer nada. El problema colombiano de inseguridad, llegó a niveles intolerables porque se le permitió existir. Solo cuando se **enfrentó en la forma adecuada** se pudo llevar a unos niveles tolerables que no afectaran en forma grave todo lo demás que sucede en la economía.

Con la CORRUPCIÓN es necesario hacer lo mismo. Lo importante es llevarla a un nivel razonable, no eliminarla completamente, porque es imposible. No vale la pena tratar de hacerlo. La inseguridad tenía que enfrentarse militarmente, la corrupción en una Democracia se debe enfrentar por medio de **procesos judiciales**, los cuales son parte de la administración de justicia. Si estamos de acuerdo que la corrupción hoy existe en proporciones desmedidas, en forma descontrolada, y si, en una Democracia, ella se tiene que combatir por medio de procesos judiciales, entonces algo está mal en los procesos judiciales. Si algo está mal ahí, entonces algo está mal con la administración de la justicia. **La corrupción existe entonces, porque está fallando la administración de justicia.**

Cuando las personas no enfrentan los problemas en la forma adecuada, terminan haciendo estupideces como, en este caso, haciendo reformas judiciales para pagar sueldos atrasados o descongestionar juzgados. Son tantas las estupideces en la historia jurídica del país que no vale la pena, si quiera, tratar de recordarlas para enumerarlas.

Claro que en Colombia puede que esas "estupideces" sean creaciones utilizadas para distraer a las personas.

En las democracias, la **administración de justicia** consiste <u>en garantizar el adecuado desarrollo de los procesos judiciales</u>, de tal forma que los fallos finales se PUEDAN SIEMPRE efectuar de acuerdo a la **VERDAD DE LO SUCEDIDO**, obviamente, dentro de un marco jurídico establecido por las leyes existentes. Muy confusa la definición?

A mí me parece un concepto lindo y sencillo. Los corruptos lo han vuelto una "cosa complicadísima". Normalmente un delito genera una demanda, la cual puede generar un proceso judicial. Lo normal sería que en el desarrollo del proceso se pueda establecer quien tiene la razón, según la verdad de lo sucedido, y el fallo defienda esa verdad. Hubo o no hubo delito? Quien es el culpable? Basta solo pensar en esto para entender la magnitud de los abusos, atropellos y arbitrariedades que se cometen en los procesos judiciales actuales colombianos y sus fallos.

Si pensamos un poco sobre la definición anterior, tenemos que concluir que la gran falla actual en el desarrollo de los procesos judiciales en Colombia es que CASI TODOS tienen en cuenta **SOLO los "procedimientos de forma"** establecidos por la ley, más **NO la verdad de lo sucedido,** para fallarse. Si eso es así, no se está haciendo justicia en nada, solo se está permitiendo que la corrupción persista.

La gente sigue cometiendo delitos porque lo puede hacer, porque no le sucede nada por delinquir. Al conducir los procesos de esta forma, **los fallos SIEMPRE se pueden acomodar a los intereses oscuros de alguien** y, entonces **SIEMPRE son "legales".** La parte realmente importante en el desarrollo de los procesos judiciales en una Democracia es que se pueda establecer la verdad y se falle de acuerdo a esa verdad. Todo lo demás es corrupción. En Colombia los abusos en los fallos JAMÁS se pueden corregir, porque los "procedimientos de forma" no lo permiten y los corruptos tranquilos porque los fallos se produjeron de acuerdo a la ley.

Todos los países con grandes problemas de administración de justicia, tienen grandes irregularidades en sus procesos judiciales, lo cual se traduce en grandes impunidades y abusos permanentes, que llevan a ese "estado de estupidez" de siempre pensar que "no trato de hacer nada, porque no se puede lograr nada".

Ese estado es inducido por los corruptos que tienen el poder de hacerle creer a todas las personas que eso no se puede cambiar. Lo mejor de todo es que eso No es verdad, Las democracias en el mundo siempre han tenido momentos de grandes dificultades en su administración de justicia. En los años 30´s en la ciudad de Chicago Al Capone estaba causando problemas tan grandes en su sistema judicial y la seguridad de la ciudad, que se creó una unidad policiaca dedicada únicamente a apresarlo o eliminarlo. Cuando eso sucedió, la unidad se liquidó. De pronto, a veces se habla de cosas cómo una "Unidad Especial" para enfrentar a los grandes capos de la corrupción, solo que en Colombia nunca funcionará. Más basura, para distraer a las personas. Ahora se está hablando, por ejemplo, de "boques de justicia". Más basura.

Mientras tanto, produce mucha tristeza, que **Abogados, Jueces, Magistrados** y demás miembros del aparato judicial se hayan amangualado para que el desarrollo de los procesos judiciales solo tenga en cuenta los procedimientos de forma establecidos por las leyes.

Ellos que tienen que ser LOS GUARDIANES DE LA JUSTICIA, conceptual y administrativamente, es realmente increíble que **puedan pensar que están actuando correctamente.** Si ellos quieren que siga sucediendo así, es porque la gran mayoría son corruptos. No quieren cambiarlo para poder seguir delinquiendo. Eso es así, y toda la gente se puede parar en la cabeza asegurando que no, pero eso es lo que está sucediendo.

Esto es lo que es NECESARIO CORREGIR. Bueno, también podría suceder que quieren que siga así porque es más fácil no hacer nada, o porque les permite ser CORRUPTOS. Si algunos de mis argumentos se repiten y se repiten, es porque después de oír argumentos estúpidos durante décadas, oyendo a todo el mundo siempre decir NO, que nada se puede hacer, viendo que a las personas "no les importa nada", hasta que se sienten afectados directamente, entonces hay que repetirlos y repetirlos hasta que **entiendan la MAGNITUD DE LA MALDAD de lo que están dejando suceder.**

Como ya lo he dicho hasta la saciedad, los colombianos estamos equivocados pensando que no nos debemos interesar por los problemas porque "no se puede hacer nada", porque "todo el mundo es así", porque "es utópico", porque "no tenemos tiempo", o porque "nos interesan otras cosas".

En la vida a veces es necesario pelear por unos principios, para defender una "forma de vida". Eso no se da solo, es necesario definirla, construirla, cuidarla, defenderla y administrarla, a veces militarmente y, a veces, conceptualmente.

Bueno, hasta allí, el origen y definición del problema de la corrupción. Como la solución consiste en identificar los conceptos que se están aplicando inadecuadamente en la administración de justicia, entonces cualquier reforma judicial debe estar encaminada a redefinir conceptos y corregir su inadecuada aplicación en la práctica.

Existen grandes catástrofes naturales, enfermedades y otros sucesos en la vida de las personas que no se pueden evitar, suceden accidentalmente y, por eso se llaman accidentes. Pero, los humanos están equivocados, cuando piensan que los **problemas producidos por actos de los humanos**, no se pueden solucionar. Esos problemas SI tienen solución, si a los humanos les interesa solucionarlos, claro (eso sí es claro).

Yo se que la mayoría de las personas están de acuerdo con este análisis, pero como han sido reducidos a ese "estado de indiferencia" que conocemos, debido a décadas de injusticias y no poder hacer nada, entonces no se atreven a exigirle al Estado, lo que el Estado debería entender como sus RESPONSABILIDADES básicas e indelegables, su razón de existir, en una Democracia.

En una Democracia el Estado solo tiene **tres responsabilidades básicas indelegables**, que son:

1. Mantener el orden público y seguridad ciudadana, interna y externa.
2. Administrar justicia por medio de procesos judiciales
3. Legislar para establecer los marcos jurídicos de los procesos judiciales y el comportamiento social.

El tema de la "seguridad" está íntimamente conectado, relacionado con el tema de la "administración de justicia". La "legislación" con los otros dos, pero los tres están íntimamente relacionados entre sí.

Lo anterior significa que los recursos del Estado provenientes de sus **INGRESOS** deben estar destinados únicamente a esas tres responsabilidades, ANTES que cualquier otra actividad, sin importar el pensamiento de la gente.

Eso significa que ninguna de esas actividades debe quedarse sin recursos en ningún momento, porque los ingresos del Estado deben estar definidos, principalmente, con base a las necesidades de esas tres responsabilidades.

Una vez que el Estado cumpla adecuadamente con esas responsabilidades básicas indelegables puede pensar en dedicar recursos a otras actividades diferentes. Los incrédulos, ignorantes y tercos que siempre pensaron que el Estado colombiano podía y debía tener CIENTOS de otras responsabilidades diferentes, sin haber cumplido JAMÁS con las indelegables, han sido demostrados, hasta la saciedad, que estaban equivocados. Esas personas también piensan que es suficiente solo enfrentar el problema de "seguridad", pero no hacer nada con los otros dos. Eso no es verdad, si no se enfrentan los otros dos se puede perder lo conseguido durante los últimos 12 años. En esos 12 años el ingreso per cápita anual aumentó de USD$1.500 a más de USD$8.000, ambas cifras irrisorias, pero muy diferentes entre sí. Jamás se había podido lograr esto, en toda la historia colombiana.

El aumento en las inversiones extranjeras, el aumento de precio del petróleo crudo y la capacidad actual de exportación, el aumento de los ingresos por impuestos, incluidos los de la gasolina, debido al crecimiento de la economía, entre otros, salvó al Estado colombiano de su catástrofe fiscal y endeudamiento de hace 12 años. Será que tenemos que esperar a ver qué sucede durante los próximos años, con relación a esto que estoy diciendo?

En la historia de la humanidad, las sociedades se organizaron judicialmente, mucho antes que pensar en organizarse política o económicamente.

La administración de justicia siempre fue más importante que la definición de entornos y sistemas políticos y/o económicos. En la medida que el Estado colombiano jamás cumplió con sus responsabilidades básicas, está bien que hoy se junte con la guerrilla, los narcotraficantes y paramilitares para solucionar esos problemas. Al fin y al cabo, esos problemas fueron originados por el incumplimiento de las obligaciones del Estado colombiano. Toda esa confusión conceptual que llevó al Estado a tener una cantidad de responsabilidades que no estaba preparado para tener y que no podía financiar, contribuyó a originar la corrupción, resultado de la ineficiencia administrativa e inadecuada administración de justicia. Lo que está mal en todo eso es que el Estado colombiano jamás haya admitido que fue el responsable que todo eso sucediera, que fue el responsable de no cumplir con sus responsabilidades.

Otra cosa es que el país ahora tenga que aguantarse soluciones izquierdosas a estos problemas, porque las personas involucradas no saben, ni entienden nada sobre entornos políticos y económicos. La **administración de justicia militar,** NO se debe mezclar con la civil. Los militares tienen códigos de conducta diferentes que se deben respetar, por la naturaleza tan especial de sus actividades y responsabilidades. Obviamente, eso no quiere decir que puedan infringir la ley. Sus procesos judiciales también se deben desarrollar buscando la verdad de lo sucedido, pero deben ser juzgados por los militares.

Qué sentido tiene distraerse en las discusiones de "falsos positivos" y otros argumentos de los grupos de "derechos humanos", si ni siquiera se puede hablar hoy de justicia civil?

Claro, todo eso es importante, pero, en este momento, es mucho más importante recuperar la administración de justicia para los civiles que enredarse en el cuento de los abusos militares y entonces terminar sin hacer nada. Los colombianos somos expertos en los sofismas de distracción. Como en todo, es necesario establecer prioridades. La prioridad aquí es que cada uno organice la suya.

Solo basta analizar lo que sucede, con cientos de **ejemplos diarios reales y prácticos,** para darse cuenta que lo que estoy afirmando es cierto. Pero no es del caso analizar esos ejemplos en este punto. Es mucho más importante comenzar a **identificar los cambios requeridos**, para poder pensar en arreglar este problema. **Estos cambios entonces serían los requeridos, en una reforma judicial adecuada.** Por lo menos algo parecido.

Si realmente se quiere hacer algo importante en este tema, algo que sea duradero, los colombianos tenemos que unificar criterios, ponernos a pensar y, organizar un grupo de personas que trabaje para encontrar la forma de diseñar algo así, sin la intervención de los legisladores actuales. Puede que ellos lo tengan que tramitar después, pero, en ese caso, no lo pueden cambiar. **Otra Constituyente, otras reformas a la Constitución? SI, ES NECESARIO OTRA VEZ.** La aprobación de esa reforma judicial debe **tramitarse donde sea necesario**, en el Congreso, en una Constituyente o algún otro tipo de procedimiento.

Es necesario conformar un **grupo de trabajo inicial** para llevar a cabo este proyecto. Ese grupo debe producir el primer borrador. Se debe incluir una persona de cada profesión existente en Colombia. El grupo NO debe estar conformado de acuerdo a partidos políticos. **Los políticos no han sido capaces de arreglar nada.**

En el caso de la profesión de Abogado, el que participe, no puede pertenecer a la rama judicial. El **desarrollo del proyecto** puede estar "dirigido" por alguien, pero su autoría debe ser anónima. Es un proyecto de todos, desarrollado por todos, para todos. La lista de cambios requeridos debe ser organizada en grupos, según los principales conceptos.

En principio, las modificaciones requeridas se han agrupado, en TRES GRANDES CATEGORÍAS, que he llamado:

A. Cambios en la estructura judicial
B. Cambios en el desarrollo de los procesos judiciales y,
C. Cambios en la filosofía de los castigos.

Los puntos enumerados a continuación no tienen ningún orden especial y deben ser ordenados por los que desarrollen el proyecto. Este análisis inicial debe servir de borrador e indica el tipo de ejercicio que se debe seguir para encontrar los **cambios conceptuales necesarios en una reforma duradera a la justicia colombiana**.

A. CAMBIOS REQUERIDOS EN LA ESTRUCTURA JUDICIAL.

En las democracias, la administración de justicia consiste en garantizar el desarrollo de los procesos judiciales, de tal forma que los fallos finales se puedan siempre efectuar de acuerdo a la VERDAD DE LO SUCEDIDO, dentro de un marco jurídico establecido por las leyes existentes. Las leyes no tienen mayor sentido si no se utilizan para aclarar lo sucedido y poder defender LA VERDAD. **Como todos los Abogados, Jueces y Magistrados colombianos van a sostener que en la administración de justicia actual ya siempre se está buscando la verdad, es necesario empezar por incorporar en el texto de la Constitución colombiana la definición exacta de administrar justicia.**

Jamás puede existir ninguna duda sobre su interpretación y razón de ser. Si hoy se estuviera administrando justicia de acuerdo a su correcta definición, no existiría el nivel actual de corrupción. Esta es la prueba más clara y contundente que eso NO es lo que hoy sucede. Como el problema es de tal magnitud y la corrupción se ha enquistado de tal forma en la vida diaria colombiana, es necesario aclarar en el texto de la Constitución el **significado práctico de la estructura judicial para poder buscar y garantizar los fallos de acuerdo a la "verdad de lo sucedido"** en los procesos judiciales:

De pronto es necesario **volver al comienzo**, como si el sistema judicial se estuviera definiendo por primera vez. Muchas veces en la vida es necesario hacer esto para poder solucionar problemas. La menor o mayor dificultad de hacer algo no puede ser la razón para que se haga o no. Como el problema empieza con los Abogados y sigue con el resto del **estamento judicial colombiano**, cualquier reforma a la justicia en Colombia tiene que comenzar con un cambio de fondo en su estructura judicial actual y la forma como se eligen todos sus miembros.

> Es imposible aspirar que las leyes contemplen **todos los eventos** que pueden suceder en la realidad.
> Es necesario eliminar la vagabundería de los **"decretos reglamentarios"**. Ninguna ley puede prever todas las circunstancias que pueden rodear algún delito, para tratar de incluirlas en los textos de las leyes.
> En principio, solo debe existir UNA Corte Suprema de Justicia y sus miembros nombrados por el Presidente.
> Si se define que deben existir todas las Cortes Supremas que hoy existen, sus miembros también deben ser elegidos por el Presidente, pero NO deben ser tan numerosas.
> El **número de Magistrado**s de las Cortes Supremas, Sala laboral, Sala Penal y Corte Constitucional no deben ser más de SIETE en cada una.
> Si los miembros de las Cortes no son elegidos por el Presidente, deben ser elegidos en **audiencias públicas** por períodos de ocho años, sin re-elección.
> Los Magistrados de la Cortes Supremas no pueden ser escogidos por los demás Magistrados, o sea, por co-optación.
> Las **reformas judiciales** deben ser aprobadas por el "constituyente primario", cuando requieren modificaciones de la Constitución.
> Las **Cortes Supremas** NO pueden aprobar o desaprobar las reformas judiciales, cuando son definidas por los constituyentes primarios.
> Las leyes sobre la administración de justicia solo deben contemplar **procedimientos de forma.** Los llamados "procedimientos de fondo" no significan nada.
> Las leyes relacionadas con los **procedimientos de forma** de los procesos judiciales deben ser legisladas únicamente por las Cortes y no los Cuerpos Legislativos.
> Los **procedimientos de forma** en los procesos judiciales solo deben estar relacionados con garantizar que se busque la verdad de lo sucedido y se falle de acuerdo.

- Debe existir **completa independencia** entre las autoridades judiciales superiores y los demás estamentos judiciales.
- Los **Jueces** deben ser nombrados por los Magistrados de las Cortes Supremas.
- Los Magistrados solo pueden **calificar los fallos de los Jueces**, en el evento de ser requeridos o aclarar el significado de las leyes estableciendo precedentes, en el evento de ser necesario, cuando un fallo es apelado.
- Los **Magistrados de las Cortes Supremas** no pueden eliminar la posibilidad de las personas comunes de utilizar las tutelas como mecanismo para la defensa de sus derechos, como fue establecido por la Constitución de 1991, con los argumentos estúpidos y arbitrarios que utilizan hoy para rechazarlas.
- El **poder implícito** de las personas que trabajan para la ley en los procesos judiciales, no puede ser utilizado para abusar de los demandantes o demandados.
- Los Abogados y Jueces deben poder ser **acusados y sancionados por sus abusos**, con la demanda correspondiente.
- Le corresponde a las personas lastimadas acusar a los Abogados y Jueces corruptos. Los Fiscales deben demandarlos, con la acusación correspondiente, cuando corresponda.
- La Constitución debe proporcionar las herramientas necesarias para que se **puedan corregir los abusos o errores en los fallos** de los procesos judiciales y, las solicitudes no se desechen porque los procedimientos de forma no lo permiten.
- Los **derechos fundamentales** definidos por la Constitución siempre deben ser fundamentales, no a veces sí y a veces no, de acuerdo al interés de alguien.
- Igualmente, si existen **pruebas de los abusos,** la Constitución debe garantizar la posibilidad de demandar a todas las empresas prestadoras de servicios que pueden abusar de las personas, tales como las entidades financieras, los servicios de Internet y televisión, servicios de salud, las empresas que no acatan las leyes sobre seguridad social y pensiones y, todos los demás delincuentes.
- No pueden existir **casos juzgados**, si existe el menor indicio de adulteración de la verdad de lo sucedido y, eso significa que las personas pueden seguir demandando.
- Lo anterior significa que pueden **liquidarse todas las Superintendencias de Servicios** existentes hoy que no deberían estar administrando justicia que no administran.

B. CAMBIOS REQUERIDOS EN EL DESARROLLO DE LOS PROCESOS JUDICIALES.

Como el problema es de tal magnitud y la corrupción se ha enquistado de tal forma en la vida diaria colombiana, es necesario aclarar en el texto de la Constitución el **significado práctico de buscar la "verdad de lo sucedido"** en el desarrollo de los procesos judiciales:

- La **administración de justicia** en las democracias se efectúa por medio de procesos judiciales.
- El **principal objetivo** y la **única razón de ser** de todo el aparato judicial SIEMPRE debe ser la administración de justicia.
- Si la ley **define situaciones muy claras** en la ejecución y cumplimiento de unas decisiones, esas decisiones no se pueden convertir en procesos judiciales de muchos años para definir quién tiene la razón, cuando eso ya está definido por la ley.
- Las **historias judiciales** en las democracias deben estar compuestas por los precedentes establecidos por los casos ya juzgados.
- Cuando los acusados no pueden **pagar un abogado**, el Estado debe proporcionarlo.
- Los entes investigativos del Estado deben ser **diferentes y separados** de los entes acusativos del Estado.
- **Las entidades acusatorias** no pueden ser las mismas que emiten los fallos de culpabilidad, como sucede hoy con todas las entidades del Estado.
- Lo anterior significa que deben existir unos Abogados de la parte acusada y otros Abogados de la parte acusatoria que expongan las razones de cada uno durante el desarrollo de los procesos, pero **ninguna de esas dos partes puede fallar el proceso.**
- Las pruebas de los delitos cometidos se deben mostrar en **audiencias preliminares**, las cuales deben ser analizadas por un juez, para decidir si admite la demanda.
- Si bien los procesos judiciales tienen definidos unos **procedimientos de forma**, estos no pueden determinar los fallos finales.
- Los fallos de todos los procesos judiciales tienen que ser emitidos de acuerdo a la VERDAD de lo sucedido.
- Los fallos de TODOS los procesos judiciales deben ser emitidos por UNANIMIDAD por un **jurado de 12 personas.**
- Si existe una **conciliación** o **acuerdo** entre las partes, se debe eliminar el proceso judicial y el fallo de la demanda debe ser emitido por un juez.

- Los **jurados** siempre deben ser escogidos al azar entre la población adulta de la ciudad donde se desarrolla el proceso judicial.
- Los **Fiscales no pueden fallar los procesos** como hacen hoy. Los fallos corresponden a los jurados y las sentencias a los Jueces.
- Los fallos de los procesos judiciales en la **primera instancia** deben ser definitivos, pero **se tienen que poder apelar a una siguiente instancia**, cuando existan pruebas adicionales que demuestren irregularidades y/o abusos en el fallo de la primera instancia.
- Las revisiones de **pruebas adicionales** no puede ser efectuada por el Juez que condujo el proceso en la instancia anterior.
- De la misma manera, los fallos judiciales **no se pueden apelar a una siguiente instancia**, si no existen pruebas adicionales que lo ameriten.
- Si los abusos se pueden corregir en las **segundas instancias** se evitan las congestiones de los juzgados y la utilización indebida de tutelas.
- No tiene ningún sentido apelar para que los jueces mantengan los mismos fallos varios años después. Es una de las grandes causas de congestión en los juzgados.
- Se deben eliminar las famosísimas **Casaciones** que hoy solo sirven para abusar.
- Las personas SIEMPRE deben tener la posibilidad de poder **corregir los abusos**, sin perjuicio de los procedimientos de forma establecidos por las leyes.
- Solo **después de producido el fallo** de la primera instancia, se puede conocer si hubo abuso, mentira o arbitrariedad en ese fallo, para definir si debe haber apelación.
- Las personas siempre deben tener la posibilidad de demandar a los Jueces o Abogados cuando puedan comprobar que han sido sobornados, o emiten fallos falseados.
- Las personas SIEMPRE deben tener la posibilidad de poder apelar a una siguiente instancia, sin perjuicio de los procedimientos de forma, como por ejemplo, que no se pueden incluir nuevas pruebas al proceso, <u>porque la etapa probatoria ya paso, ya es un caso juzgado, vencimientos de términos,</u> o cualquier otro procedimiento que se le puedan ocurrir a los abogados y sean aceptados por los Jueces.
- Es necesario recuperar la **formalidad y dignidad** adecuadas en el desarrollo de los procesos judiciales.
- Se deben establecer mecanismo de **comunicación adecuada** entre las autoridades judiciales y las partes involucradas en los procesos judiciales.
- Se debe modernizar todo el **sistema de información** de los procesos judiciales y los archivos de sus documentos.

- ➤ Se debe **garantizar la disponibilidad** automática e inmediata de los documentos de los procesos y sus fallos.
- ➤ Se le debe prohibir a los **medios de comunicación** presentar desarrollos y entrevistas de personas involucradas en procesos en desarrollo.
- ➤ Si los procesos judiciales se fallan, de acuerdo a la verdad de lo sucedido, dejarían de tener fundamento la gran mayoría de **demandas contra el Estado**, independiente si prosperarían o no.

C. CAMBIOS REQUERIDOS EN LA FILOSOFÍA DE LOS CASTIGOS.

Como el problema es de tal magnitud y la corrupción se ha enquistado de tal forma en la vida diaria colombiana, es necesario aclarar en el texto de la Constitución el **significado práctico de los castigos en los procesos judiciales, que definieron la "verdad de lo sucedido"**:

- ➤ Es necesario corregir la situación de **poder delinquir** porque a veces existen sanciones por los delitos cometidos y a veces no, independiente de la verdad de lo sucedido.
- ➤ El Estado tiene la obligación de proveer permanentemente los elementos tecnológicos necesarios para la recolección y análisis de evidencias en los procesos judiciales.
- ➤ Es necesario que **todos los participantes** en los procesos judiciales entiendan la gravedad de delinquir y lastimar a los demás.
- ➤ La **dureza de los castigos** debe corresponder a la gravedad de los delitos cometidos.
- ➤ Los castigos **por la maldad sin razón** deben ser especialmente fuertes.
- ➤ Los castigos por **dejarse sobornar** en los procesos judiciales deben ser especialmente fuertes.
- ➤ Igualmente, las **demandas sin fundamento** deben tener castigos especialmente fuertes.
- ➤ Los castigos deben ser **impuestos por los jueces**, no por las empresas del Estado, por los abogados, o los fiscales.
- ➤ Cuando los procesos están relacionados con sumas dejadas de cancelar por los demandados, infringiendo alguna ley, los castigos SIEMPRE deben incluir **sanciones moratorias**, como sucede con cualquier obligación vencida.

- Es necesario eliminar la vagabundería de las **"reducciones de penas"** por cooperar con la "justicia", aceptar culpabilidad, buen comportamiento, por escribir un libro, cuando existen tantos problemas de administración de justicia.
- Es necesario eliminar la vagabundería de las **"reducciones de penas"** cuando las confesiones de los delincuentes contribuyen al esclarecimiento de OTROS DELITOS. Como el delincuente es descubierto y apresado, entonces acepta su culpa para que le reduzcan las penas.
- Es necesario eliminar la vagabundería de **"la casa por cárcel"**, para pagar condenas o esperar juicios. Los Jueces deben decidir si los acusados esperan el juicio con libertad, pagando una fianza, o presos, sin fianza.
- Los delitos contra los **"derechos fundamentales"** definidos por la constitución, no pueden prescribir. Esto quiere decir que sus violaciones pueden ser demandadas en cualquier momento, sin importar la fecha de la violación.
- La aplicación de la ley debe hacerse, entre otras cosas, con base a los **"precedentes"** establecidos por los fallos anteriores.
- Los **Jueces** que hoy se acomodan a hacer fallos para su beneficio personal y no a defender la verdad de lo sucedido, deben ser castigados con cárcel y suspensión de sus licencias de por vida.
- Los Abogados y los Jueces de las **primeras instancias** de los procesos judiciales son los responsables de la mayor parte de corrupción existente, y deben ser encarcelados y suspendidos, sin contemplación, cuando sea comprobada su culpabilidad.
- Igualmente, las **demandas contra el Estado**, que resulten sin fundamento deben tener castigos ejemplares de cárcel o multas para los demandantes.
- Los **Abogados** que no defienden honestamente los intereses de sus clientes deben poder ser demandados, sin ninguna contemplación.
- Los **Abogados** que hoy se acomodan a hacer acuerdos ilegales y no a defender la verdad de lo sucedido, deben ser castigados con cárcel y suspensión de sus licencias.

Todo lo anterior es un intento de **identificar los cambios requeridos** en una reforma duradera a la administración de justicia colombiana, de acuerdo a la definición en una Democracia. Si uno tuviera que definir el orden de importancia de las tres áreas anteriores, puede pensar que los "cambios requeridos en el desarrollo de los procesos judiciales" es la más importante.

Sin embargo, en el caso colombiano los cambios se requieren en las TRES áreas. Es la única forma, mientras no se haga así, no se puede lograr nada, no importa cuántos "expertos" opinen sobre el tema.

Es muy diciente que todos los expertos jurídicos que existen en Colombia, jamás han arreglado ningún problema judicial importante. Puede que los cambios mencionados requieren una "MODIFICACIÓN DE LA CONSTITUCIÓN". Imagínense, que el proceso de PAZ, de pronto se pudiera ratificar con la Constituyente requerida para modificar la Constitución, para efectuar los cambios necesarios de una reforma adecuada a la justicia. Si se está modificando la Constitución para implementar los acuerdos de PAZ, por que no hacerlo también para poder reformar adecuadamente la administración de justicia?

Los cuerpos legislativos tampoco son el foro adecuado hoy para promover, en este momento, los cambios en el texto de la Constitución. Aunque aquí se está asumiendo la necesidad de incorporar la mayor parte de la reforma judicial al texto de la Constitución debido a la gravedad de la situación de corrupción del país, se tiene que dejar abierta la posibilidad que alguno(s) de los puntos mencionados no sea necesario incorporarlos al texto de la Constitución y solo se incluyan en la administración de justicia por medio de una ley. Si esta explicación tiene sentido, por qué no le preguntan a sus amigos y a los amigos de los amigos, de los amigos, de los amigos. Si tiene eco, si están de acuerdo, promuevan la idea en las redes sociales y promocionen el libro.

Hasta ahora, la Academia colombiana no ha sido el foro adecuado para analizar, participar, o ayudar a conformar este grupo de trabajo. La Academia no está interesada en la calidad de la educación y no quiere enfrentarse al Estado por temor a perder sus privilegios fiscales.

Me parece que el "constituyente primario" es el único foro adecuado en la Colombia de hoy, para analizar, promover y finalmente exigir los cambios requeridos en la legislación y la Constitución. Los carruseles de la corrupción se volvieron importantes, porque los robos ahora si pueden ser de "cantidades importantes". **<u>Todo eso ha sucedido por la inadecuada administración de justicia.</u>** No nos podemos seguir dejando engañar por los Abogados y el estamento judicial que sostienen que en Colombia SI hay administracón de justicia. Hasta ahora la profesión de Derecho no ha logrado ayudar en este aspecto y, por el contrario, está llevando al país al borde de unos precipicios que no hemos querido entender.

Por ahí existe UN PAÍS con 1.300 MM de habitantes que hace un poco menos de 30 años era uno de los más pobres del planeta y en ese tiempo se convirtió en la SEGUNDA ECONOMÍA del mundo. La forma de hacerlo la "aprendieron" de los demás países Occidentales. La estudiaron, la aprendieron y la aplicaron en muchos de sus aspectos.

Esa fue una tarea "bastante" más complicada que la nuestra, aunque se haya hecho con un Estado totalitario, pero nosotros "no podemos hacer nada". No olvidemos que **TODOS los problemas ocasionados por humanos tienen solución.** La corrupción SIEMPRE es organizada por humanos, entonces tiene solución.

Si los colombianos seguimos insistiendo que no, que es muy difícil, que es utópico, que todo el mundo se volvió corrupto, que es culpa de la Democracia, es porque somos CORRUPTOS, así de simple y, ESO ESTA MAL.

Los problemas legislativos que tenemos creo se irán solucionando en el tiempo, en la medida que se mejore la administración de justicia.

Mención especial merece el tema de lo que ahora se denominó, en un momento dado, como JUSTICIA TRANSICIONAL, cambiada por la JUSTICIA ESPECIAL PARA LA PAZ, la JEP. Resulta que esa forma de administrar justicia se puede volver INDEFINIDA, pero no para los guerrilleros, si no para todos los demás. Todo lo que se ha dicho con relación a esa forma definida para administrar justicia en el post conflicto es muy peligrosa. Ese es el problema del señor Santos. Nunca dice la verdad de lo que significan los conceptos nuevos que han definido, o cómo dice que se deben aprobar. No han hecho lo que dijeron en este sentido que iban a hacer. La prueba de esto es que no le han prestado atención a lo que ha dicho el FISCAL GENERAL, o la Presidente de la CORTE SUPREMA DE JUSTICIA. Ellos hicieron unas observaciones sobre las "modificaciones" que el Congreso debía incorporar para eliminar las "inconstitucionalidades" que se están presentando y, que no fuera indefinida. Tienen RAZÓN en todo lo que han dicho y, no es porque se opongan a LA PAZ. Nadie volvió a decir nada y todo se quedó así.

Miren cómo son las cosas, si los programas de opinión entrevistan a un escritor "independiente" hoy, como Rafael Nieto, aunque haya pertenecido al gobierno de Santos, el hablará sobre todas las "irregularidades" que tiene el concepto.

Si, por otro lado, los programas de opinión entrevistan a un congresista mermelado, opinará que ha conversado y analizado, en "forma extensiva", el tema con los miembros de las Fuerzas Armadas y, que ellos no encuentran ninguna objeción. Así son todas las discusiones en Colombia. Todas las personas siempre tienen la razón y, nunca se puede establecer la VERDAD, especialmente en todo lo relacionado con conceptos jurídicos. Yo, personalmente, le creo a las personas "independientes" y no al mermelado de turno.

La "JEP" va a ser utilizada para perdonar a todos los "jefes" de las FARC-EP, con penas irrisorias, sin cárcel, en forma colectiva, en procesos muy rápidos, si "aceptan" sus crímenes en forma colectiva. El concepto les ofrece esa posibilidad. Todos los militares, o civiles, que sean "acusados" por los guerrilleros, o que ellos mismos se presenten, aceptando o no, su responsabilidad en "esos crímenes", no tendrán las mismas prerrogativas de perdón colectivo. Sus penas entonces pueden ser muy largas. Nadie, si quiera, se imagina cuáles pueden ser las consecuencias de algo de este estilo en la administración de justicia en Colombia en el futuro, ni sus efectos constitucionales. La mayoría de pesonas en el país cominzan a tener consciencia de todos estos problemas, comienzan a quejarse, pero nada resulta de todas esas quejas. No me parece que sean muy alentadoras las perspectivas para el futuro colombiano, por la importancia que debe tener la administración de justicia en una DEMOCRACIA.

Cómo será el poder de la MERMELADA hoy en Colombia que todos los medios mermelados, escritos y hablados, se la pasan hablando del Presidente TRUMP, qué ira a hacer con los inmigrantes, cuáles serán los "efectos" de lo que haga en los tratados de libre comercio, los efectos en la ayuda Norte Americana al post conflicto, cual será su apoyo a los "acuerdos de PAZ" firmados, los efectos en el comercio mundial, en la globalización de las economías en el mundo, los efectos en la cobertura de salud en EEUU, en su maltrato de las mujeres y las minorías y, todas las demás pendejadas que se les ocurran. Por qué los colombianos no se concentran en todos los problemas existentes en el país, como los problemas de la droga, los problemas de seguridad, las necesidades sobre los problemas de corrupción y administración de justicia y, todas las necesidades para su desarrollo económico.

Ahora analizamos unos ejemplos concretos REALES que afectan la vida de todos los colombianos, aunque la gran mayoría no quiera exponerlos, ni hablar de ellos, por las razones que puedan tener para no hacerlo.

VI. EL CASO DE LOS ARRENDATARIOS.

Este es otro ejemplo que ocurre con mucha frecuencia. Desde que tengo uso de razón he oído hablar del problema que tienen los propietarios de bienes inmuebles comerciales o de vivienda con los arrendatarios, para dar por terminados los arriendos por las razones que sean. Ni siquiera en los casos establecidos claramente por ley para dar por terminados los contratos de arriendo, como, por ejemplo, cuando el bien inmueble va a ser demolido, se puede lograr la aplicación adecuada de la ley, porque los Abogados están amangualados con los arrendatarios, para obligar el pago de coimas.

Si el bien inmueble va a ser demolido, se le avisa al inquilino con suficiente tiempo, en los demás términos del contrato de arriendo, no es posible hacer nada. Resulta que el propietario del inmueble no puede obligar al inquilino a salirse, no le puede demoler el inmueble. El propietario está obligado a poner una demanda, en un proceso civil, para obtener la "restitución" de la propiedad del inmueble. ¡Hágame usted el favor!

Un proceso civil que se puede demorar 10 años, en donde el propietario puede terminar perdiendo la propiedad de su inmueble porque los Abogados y Jueces son sobornados.

Una acción judicial que no se debe demorar más de media hora, se convierte en un proceso judicial de muchos años. Todo eso sucede para que los propietarios tengan que "pagarle" millonarias sumas a los arrendatarios por salirse de los inmuebles, todo con el beneplácito de Abogados y Jueces.

Entonces, resulta que uno de los problemas de la administración de justicia en Colombia es la "congestión" permanente en todos los juzgados y, las "maromas" permanentes que tienen que hacer los "funcionarios judiciales" para solucionar esos problemas.

Como anécdota, puedo mencionar la "respuesta" de un importantísimo Abogado, consultado en el proceso de tratar de terminar el contrato de arriendo de un inquilino en un local del Centro Comercial Centro Chía, durante la primera ampliación del centro comercial, hace como 10 años. Cuando me quejé de la suma que tenía que pagar, me dijo que debería sentirme muy agradecido, porque el acababa de "negociar" la salida de un inquilino de un centro comercial en Medellín que pedía $2.500 MM de Col. Pesos y lo había negociado por $1.200 MM. Nadie se queja, nadie hace nada, todo sigue igual y todos felices, menos los propietarios.

Otro ejemplo, de los cientos existentes de la corrupción rampante en Colombia, que nadie quiere enfrentar. Y, entonces el estamento judicial se la pasa hablando de las "congestiones" de los juzgados. Todos están amangualados con la CORRUPCIÓN, sin perder una sola oportunidad. A los propietarios o gerentes de las oficinas inmobiliarias no les importa y siempre están amangualados con los inquilinos de los inmuebles para pedirle dinero a los propietarios. Ellos muy seguramente comparten con los inquilinos lo que termina pagando el propietario para que se salga el inquilino. Todo está muy bien organizado. Todos ganan, menos los propietarios de los inmuebles.

VII. EL CASO DE LAS PENSIONES.

Tuve que dejar de pagar el Impuesto Predial y Complementarios de la casa, ubicada en el Municipio de Chía, en el año 2003, por no tener el dinero para hacerlo, debido a que no pude reclamar mi Pensión en el 2002, porque Acegrasas S.A. no efectuó los pagos a la seguridad social de las retenciones de Pensión que me hicieron durante todo el tiempo que trabajé allá. Cuando descubrí el problema y fui a hablar con el Presidente de lo que había encontrado, me dijo: ¿"Usted no era el responsable de eso", como Vice-Presidente Financiero y Administrativo"? Pues, YO NO LO ERA. Esa respuesta me indicó la intención de no pagar, por lo menos una parte de la Pensión.

Eso me obligó a un **proceso civil de 8 años** para demandar a esa empresa y, tratar de recuperar la Pensión. Si no demandaba me quedaba sin ninguna Pensión.

Un **ejemplo más del monumental problema colombiano de la aplicación de las leyes**, una parte de la administración de justicia, que nadie en el país ha querido enfrentar. Todo eso está terriblemente mal y produce inmensa tristeza, además de todos los problemas monetarios causados. Como ya lo dije antes, el problema no es que alguien se robe las pensiones, el problema es que no se pueda corregir algo así, si se puede demostrar lo contrario.

Me demoré más de dos años encontrando un Abogado laboralista litigante que me representara en la demanda porque resulta que ningún Abogado laboralista, en ese momento, demandaba a ninguna empresa. Cuando yo era empleado, todos los abogados laboralistas trabajaban para los empleados, porque los empleados siempre se "ganaban" todas las demandas. Cuando tuve que reclamar la Pensión todos los Abogados laboralistas trabajaban para las empresas y ninguno se comprometía a demandar empresas.

Las leyes laborales colombianas estaban cambiando y ya los empleados no tenían las mismas ventajas. Los Abogados laboralistas que demandan empresas hoy son vetados socialmente y las empresas no los vuelven a contratar.

Durante el proceso, en un momento dado, el juzgado se demoró tres años consiguiendo un Actuario que se "prestara" para calcular mi Bono Pensional, de acuerdo a lo que la empresa quería. Tenían que condenar a la empresa a pagar una Pensión, porque el caso era muy evidente.

Los abogados de la empresa terminaron sobornando a mi Abogado y al Juez de la primera instancia, en el Juzgado Laboral de Bogotá donde estaba presentada mi demanda. A comienzos del proceso le dije a mi Abogado que yo tenía la opinión que debíamos anexar al proceso la "descripción de mis responsabilidades" en la Vice-Presidencia Financiera y Administrativa. Mi Abogado me dijo que el caso era tan evidente a mi favor que no había necesidad. Error craso no haber insistido, pero el tipo ya estaba sobornado.

El juez de la primera instancia emitió entonces un fallo completamente ridículo, condenando a la empresa a pagar un valor pequeño de Bono Pensional, de acuerdo a lo que ellos habían definido arbitrariamente. En ese fallo el Juez me califica de ladrón, diciendo que la falta de pago de los aportes había sido mi responsabilidad y, que yo había hecho eso para mi propio beneficio. Vaya usted a saber cómo una persona se puede "beneficiar" dejando de pagar los aportes a Pensión establecidos por la ley.

En la demanda yo estaba pidiendo, además, que condenaran a la empresa a pagar los intereses de mora del valor que la empresa fuera condenada a pagar, desde la fecha del 2002 en que me podía pensionar y la fecha en que la empresa cancelara ese valor.

En el fallo de la primera instancia el Juez dijo también que yo no tenía derecho a esos intereses de mora, debido a mi responsabilidad en lo que había hecho, para mi propio beneficio.

Obviamente, uno apela el fallo, como un estúpido, pensando que lo que estaba sucediendo se podía corregir. En la segunda instancia, el Juez mantiene el fallo de la primera instancia, sin los intereses de mora, pero, cambiando la redacción sobre mi "responsabilidad" con relación a lo sucedido. Todo eso está demostrado en la copia del expediente del proceso, lo cual no sirve de nada, ni se puede utilizar para nada. Lo importante de todo eso, es mostrar UN ejemplo real relacionado con el problema monumental existente en la aplicación de las leyes. En este caso, el ejemplo consiste en que en la "apelación" no podía demostrar que nada de lo que se decía en el primer fallo era verdad, porque la "etapa probatoria" ya había pasado en la primera instancia. La ley establece que eso es así, y eso es lo que permite que puedan existir fallos falseados y, siempre sean "legales". Un PROCEDIMIENTO DE FORMA utilizado en el desarrollo de los procesos judiciales que legaliza la posibilidad de soborno de Abogados, Jueces y Magistrados y los demandantes no puedan hacer nada.

Adicionalmente, después de las primeras instancias los procesos se convierten en casos juzgados. Las autoridades judiciales utilizan ese otro "procedimiento de forma" para mantener los delitos de corrupción. Pensé, que en mi caso, no tenía sentido presentar la Casación, para que se demoraran tres años más y siguieran manteniendo el fallo.

En su lugar puse una Tutela en la Corte Suprema de Justicia, Sala Laboral y mantuvieron el fallo. Puse otra Tutela en la Corte Suprema de Justicia, Sala Penal y mantuvieron el fallo. Puse otra Tutela en la Corte Constitucional y también mantuvieron el fallo. Todo eso, con el cuento que ya era un "caso juzgado".

Es la figura que tienen montada los Abogados, Jueces y Magistrados para cometer delitos relacionados con los pagos de Pensiones. Como diablos pueden saber los demandantes que un FALLO va a ser falseado, si no es hasta que se produce el fallo y, entonces, no se puede probar lo contrario porque la "etapa probatoria" ya pasó. Todo es legal y todos siguen tranquilos con su vida, como si nada hubiera sucedido. Tengo todos los documentos de los procesos, relacionados con las primeras instancias, la Tutelas, los documentos originales de las retenciones de la empresa, los cambios de sueldos, la descripción de mis responsabilidades y, la copia de los cálculos actuariales mal hechos, demostrando todas las falsedades. Son muchas las diferentes formas utilizadas en las aplicaciones falseadas de las leyes en la administración de justicia en Colombia, con el beneplácito de los Abogados, Jueces, Magistrados y políticos. En este caso, como en muchos otros, los procesos judiciales se resuelven fallando de acuerdo a "procedimientos de forma" y no de acuerdo a la verdad de lo sucedido. El Juez Tercero Laboral del Circuito de Bogotá condenó a Acegrasas S.A. a pagar el valor de **$286,778,000** por concepto del Bono Pensional por los aportes dejados de hacer.

Ese valor fue cancelado por Acegrasas S.A. a CITI – COLFONDOS en diciembre del año 2015. El valor correcto del Bono Pensional debía haber sido **$753,257,504**, incluyendo el DAÑO EMERGENTE y LUCRO CESANTE, según pruebas en mi poder. De acuerdo a lo anterior, el valor del Bono Pensional fue el **162%** menos de lo que debía ser. En una forma aproximada, si hoy recibo una Pensión mensual de $3,277,000, esta debía tener hoy un valor de **$8,585,740**. Esto significa que en los últimos cinco años he dejado de recibir **$318,524,400.**

Nada de eso incluye los "intereses de mora" que no me quisieron pagar desde el año 2002, año en que me podía pensionar, hasta el 2010 que Acegrasas S.A. canceló lo que la condenaron a pagar.

¿Cuanto eran los intereses de mora sobre **$753,257,504** durante ocho años? ¿Cuanto eran los intereses de mora sobre **$286,778,999** durante ocho años que ni siquiera tampoco me quisieron pagar?

El Estado es el encargado de administrar justicia, pero a nadie le interesa corregir las irregularidades que pueden existir en el desarrollo de los procesos judiciales. Los políticos y estamentos judiciales hablan de "derechos fundamentales", pero a veces son fundamentales y a veces no. Todos hablan de justicia y equidad, pero solo son palabras, sin ningún significado real y a nadie le importa. ¿Por qué nadie se interesa en pensar QUÉ es lo que se debe corregir para que nada de eso suceda? La única explicación es que Colombia es un país de CORRUPTOS. ¿Todos son capaces de seguir pensando que pueden tener un país con algún tipo de futuro? Eso es como escupir para arriba y pensar que lo que escupieron no les va a caer encima.

Unas empresas jamás roban las Pensiones a sus empleados, por las razones que sean, porque piensan que es ilegal, porque no los quieren lastimar. Existen otras empresas que siempre roban las Pensiones a sus empleados. Lo hacen sencillamente porque lo pueden hacer.

Las personas afectadas saben cuáles son esas empresas. Mi conclusión es que no puede existir perdón para la maldad sin razón. ¿Que ganaba el señor Carlos Antonio Espinosa haciéndome eso? ¿Le producía algún beneficio? ¿Necesitaba hacerlo para sentirse más importante, con más poder? ¿Necesitaba ese dinero? ¿Puede una persona ser así con las personas que le trabajaron y solucionaron tantos problemas? ¿Como puede hoy estar donando dinero a organizaciones como hospitales y la Corporación para la Excelencia de la Justicia? ¿Que será lo que piensa como persona, o será que no es persona y, solo es un culo más con ínfulas de persona?

He estimado que el perjuicio financiero que me causaron robándome la mayor parte de la Pensión, en Col. Pesos de ese momento, es del orden de **$1.500 MM**, incluido el valor de los intereses de mora que no me pagaron.

Antes del año 1990 la mayoría de los empleados estaban afiliados al ISS. Cansados de décadas de aportes que nunca les sirvieron de nada, porque en el momento de algún problema de salud, tenían que pagar médicos privados, muchos se cambiaron a los Fondos privados. Cuando aparece la Ley 100 en el 2003, nadie me comentó sobre las ventajas de permanecer en el régimen anterior de pensiones, si es que existían, y no en el régimen de prima media definido por la Ley 100, a partir del 2003. ¿Por qué los Jueces nunca están protegiendo los intereses de las personas en los procesos judiciales, si los Abogados son tan fáciles de sobornar? Porque los Jueces también son fáciles de sobornar.

Los trámites y pagos de pensiones debían ser automáticos, no un dolor de cabeza para los que se están pensionando, que lo menos que tienen que hacer es terminar contratando Abogados.

Los Abogados ni siquiera informan a sus clientes sobre las ventajas y desventajas de tramitar las pensiones de una u otra forma. Los procesos se convierten en otra ocasión de soborno para todas las partes involucradas. ¿Qué maravilla no?

¿Después de hacer una descripción tan detallada de todo lo que hice por el país y diferentes empresas, como creen Ustedes que yo puedo pasar esa página y olvidarme de todo lo sucedido con mi Pensión? ¿Cómo creen que se puede sentir una persona totalmente honesta, que dedicó su vida a trabajar por los demás, a solucionar problemas, para beneficio de los demás, cuando oye hablar a los políticos colombianos de justicia, PAZ, derechos fundamentales, equidad y todas las demás babosadas que dicen todo el tiempo?

VIII. <u>EL PROBLEMA DE LOS IMPUESTOS PREDIALES.</u>

Como ya lo mencioné, la falta de pago del Impuesto Predial, en el año 3003, se produjo por el robo de mi pensión. Dos o tres años después, cuando ya podía pensar en pagar, tomé la decisión consciente de no hacerlo, hasta que me cobraran.

Esa decisión la tomé porque la Secretaría de Hacienda de la Alcaldía de Chía NO me estaba cobrando y las obligaciones fiscales "supuestamente" prescriben cuando las entidades públicas no hacen los cobros de acuerdo a lo establecido por las leyes.

Me cobraron a comienzos del año 2014. En ese momento, **los años del 2003 hasta el 2010 estaban prescritos**, no importa lo que nadie diga. Me enteré del cobro porque mi casa de 32 años fue embargada en la Oficina de Registro de Instrumentos Públicos de Bogotá, Zona Norte, con un **número de matrícula inmobiliaria** que no correspondía a mi predio. ¿Se imaginan las implicaciones que algo así se pueda hacer? Nadie piensa en eso y, claro, entonces nadie es responsable de hacer nada ilegal. ¿Por qué piensan todos los funcionarios públicos corruptos que aparecen los avisos en lotes y predios diciendo que "no se vende", "no se permuta", o cualquier otra cosa? Porque los CORRUPTOS se los pueden robar y los propietarios no pueden hacer nada.

Presenté muchos Derechos de Petición con todos los argumentos legales demostrando que los cobros los habían efectuado a otra persona, en otra urbanización que no era la mía, como consta en documentos del expediente de Cobro Coactivo de la misma Secretaría de Hacienda. Lo que hacen todas las entidades públicas en esos casos es hablar basura y no contestar los recursos interpuestos. Nunca se pudo resolver nada.

Los derechos de petición y tutelas no significan nada porque las entidades judiciales no las contestan, o no contestan lo que se está demandando.

En un momento dado el proceso de la Secretaría de Hacienda se paró porque la última respuesta de ellos a uno de los Derechos de Petición me la notificaron a mí y no a mi Abogado. Todos nos quedamos callados y no volvió a pasar nada. Claro que no volvió a pasar nada, porque el "embargado" era yo.

Los empleados públicos no son responsables de hacer nada bien, sus ineficiencias las pueden esconder cometiendo alguna ilegalidad y, el problema es del afectado.

Por otro lado, me puse a mirar lo que había hecho el IGAC en todo el tema. El IGAC es el encargado de hacer los avalúos de todos los inmuebles del país fuera de la ciudad de Bogotá, Cali, Medellín y Barranquilla. El IGAC hace los avalúos de los inmuebles en todos los demás Municipios del país y las Alcaldías hacen los cobros de los impuestos. El IGAC está obligado por ley a llevar una **Ficha Predial** de todos los inmuebles, con la historia de todos los avalúos. Mi casa fue construida en el año 1983 y mi Ficha Predial no tenía ningún valor después del año 1986. ¿Como diablos sabe el usuario que lo que le están cobrando corresponde a los avalúos que el IGAC ha hecho del inmueble?

En los 32 años de construida la casa, el IGAC no respetó nunca lo establecido por la ley, con relación a las fechas que debía hacer los avalúos, lo establecido por la ley cuando no se hacen los avalúos, la aplicación de la depreciación (vetustez), lo establecido por la ley con relación a la aplicación de la inflación, ni ningún otro concepto. Todos los Activos Fijos del mundo se deprecian. Es un concepto contable universal, por ahora utilizado por todos los países.

Todos los Activos necesitan mantenimiento y eso no significa que no se deprecien. Igual, el estado de la armazón, muros, cubierta, acabados principales, condiciones de baño y condiciones de la cocina depende de su mantenimiento y no significa que el Activo no se haya depreciado, según las tablas establecidas por el propio IGAC.

El avalúo catastral solo debe reflejar la aplicación de las leyes establecidas para ese efecto, todo de acuerdo a la METODOLOGÌA Y FRECUENCIA establecidos por la ley.

No es responsabilidad de los propietarios de los inmuebles DEMOSTRAR que los valores de los avalúos no corresponden a algún % del valor comercial de los inmuebles. El avalúo catastral NO es el valor del predio obtenido del mercado inmobiliario. Ese valor corresponde al VALOR COMERCIAL. No le corresponde a los funcionarios del IGAC pensar si el predio vale o no comercialmente a lo asignado catastralmente. NINGUNA de las leyes vigentes hace referencia, o establece que los avalúos del IGAC se pueden hacer en función de los valores comerciales. Los valores comerciales son establecidos entre los vendedores y compradores de los inmuebles. La única obligación del IGAC es aplicar las leyes vigentes sobre la forma como y cuando se deben efectuar los avalúos, dictadas por ellos mismos y, por las demás entidades públicas que en algún momento legislaron sobre eso.

La Resolución Presidencial 77 de 1977, por ejemplo, aprobó un Acuerdo de la Junta Directiva del Instituto Nacional de Recursos Naturales Renovables y del Ambiente – INDERENA –, mediante el cual se dispuso la Reserva Forestal Protectora de los Cerros Orientales de Bogotá, iniciando en Choachí y terminando en Tocancipá.

Ambos son municipios de Cundinamarca. Resulta que en todo ese tiempo las personas que han querido, han construido en los Cerros Orientales, en todos los sitios prohibidos, destruyendo la vegetación y las montañas.

¿Por qué puede suceder todo eso? ¿Es por la mermelada? ¿Que son entonces todos los POTs que "aprueban" los Municipios? ¿Para qué sirve toda esa basura? ¿Está mal llamarlos basura? NO, lo que está mal es todo lo que sucede.

Aunque son los Consejos de las Alcaldías las que fijan las tarifas de los Impuestos Prediales y Complementarios, los valores que estaba cobrando la Secretaría de Hacienda de la Alcaldía de Chía estaban equivocados, por todas las razones anteriores. Cuando se posesionó el nuevo Alcalde de Chía en Enero de este año, le pedí cita para comentarle el caso. Nombró a su Asesor Financiero, el Señor Benedicto Cordero, para revisar lo sucedido. El Señor Cordero concluyó que en la respuesta de mi Abogado en una Revocatoria Directa nos habíamos equivocado en el lenguaje y se habían revivido los años que estaban prescritos. Pura basura.

Otra vez los famosos "procedimientos de forma" de la administración de justicia colombiana, origen de la gran mayoría de los actos de CORRUPCIÓN y de los conflictos sociales actuales. Pensaba que el Alcalde actual era una persona diferente, honesta, que iba a tratar las quejas de las personas en una forma diferente. No fue así. Volví a pedirle cita, tuve que esperar cinco horas para que me recibiera, para decirle en la cara que lo que estaban haciendo estaba mal y que no quería volver a verlo en mi vida. No me contesto nada.

Todos mis intentos por corregir la situación, a partir del año 2014, cuando me entero del "embargo" de la casa solo resultaron en mi calificación como "ladrón" por parte de la Secretaría de Hacienda de la Alcaldía de Chía, como consta en varias de sus respuestas.

Me mamé de todos los carruseles y decidí cancelar todo el valor que me estaba cobrando la Secretaría de Hacienda, $80 MM de Col. Pesos, incluidos los intereses de mora desde el 2003 hasta el 2015. Claro, las entidades públicas si pueden cobrar intereses de mora.

El Municipio de Chía es hoy el de mayor crecimiento en construcciones de bienes inmuebles en Colombia, y, la mayoría de demás municipios del país también están creciendo mucho más que antes.

Todo eso significa que el trabajo del IGAC deberá efectuarse en formas muy diferentes a como lo ha hecho hasta ahora. Por ejemplo, no pueden seguir haciendo "revisiones" masivas de los avalúos, cuando hoy existen millones de construcciones nuevas en todo el país que deben ser avaluadas en forma diferente a las que tienen varias décadas de construidas.

Probablemente se requiere legislación diferente y, también es muy posible que el IGAC deba "modernizarse" más en los últimos desarrollos tecnológicos, para prestar un mejor servicio a los ciudadanos y, ser más eficiente en la administración de su trabajo. Es absolutamente injusto y arbitrario que los funcionarios del IGAC insistan que todos los inmuebles son siempre "nuevos" porque los que tienen varias décadas de construidos les han arreglado los baños o las cocinas, solo para cobrar más impuestos, generarle más "ingresos" al Estado por medio de ilegalidades, para robarse esos dineros, para "justificar" trabajos mal hechos, o todas sus otras ineficiencias.

Para evitar las injusticias y arbitrariedades actuales el IGAC debe reconocer e identificar las cosas que está haciendo mal, buscar la forma de corregirlas y, definir cuales debe desarrollar en forma diferente. Es el momento de hacerlo. Si alguien en el IGAC ha sentido esto, debe decirlo. Puede ser que, en el futuro, el Estado sustituya los Impuestos al Patrimonio por los Impuestos Prediales, pero eso no está definido todavía.

De todas formas, mientras exista nueva legislación y, se pueda hacer todo lo demás, la responsabilidad del IGAC y, las demás entidades públicas, es <u>aplicar correctamente las leyes vigentes</u>.

IX. DESARROLLO ECONÓMICO.

En TODOS los entornos políticos y económicos, el concepto de DESARROLLO ECONÓMICO es igual y, solo puede suceder cuando existe un aumento en la "actividad económica" requerida para que se produzca eso que llamamos desarrollo. Lo que llamamos desarrollo siempre está relacionado con el nivel de vida de las personas. Ese nivel de vida, a su vez, generalmente está relacionado con el bienestar de las personas. Existen muchas maneras de medir ese "bienestar", pero siempre está relacionado con lo que podemos llamar la "calidad de vida" de las personas. Normalmente la calidad de vida depende de los bienes que las personas pueden tener, que les permiten vivir mejor. Obviamente, no solo depende de los bienes, depende de otras cosas como la tranquilidad de espíritu, la seguridad, la libertad para hacer lo que las personas quieren, la administración de justicia y, la mezcla adecuada de descanso y trabajo. De todas maneras, eso que llamamos bienestar y calidad de vida está íntimamente relacionado con lo que llamamos DESARROLLO ECONÓMICO.

Conseguir los niveles de desarrollo económico deseados siempre es un proceso. Como sucede con todos los "procesos", solo se pueden conseguir estableciendo adecuadamente las prioridades en las cosas que se hacen.

El primer paso, siempre consiste en conseguir los niveles adecuados de lo que se puede llamar "actividad económica". La razón de ser de esa "actividad económica" es que las personas puedan lograr los niveles de INGRESOS necesarios para tener la calidad de vida y bienestar deseados.

La "actividad económica" requerida solo se puede conseguir con el aumento en la creación de empresas, la generación de empleo, el aumento en las importaciones, las exportaciones, el aumento de la producción y disponibilidad de los bienes de consumo, el aumento del consumo de esos bienes, todo lo cual produce el aumento permanente de todas esas actividades. En la medida que esas actividades produzcan aumentos en los "ingresos" de las poblaciones, el proceso de desarrollo se puede sostener y aumentar.

En la medida que esas actividades se estanquen, o disminuyan, el proceso de desarrollo o crecimiento económico se estanca, o disminuye. La forma de utilizar y aplicar algunos conceptos cambia entre los diferentes entornos, pero los significados son los mismos.

En otras palabras, el concepto de DESARROLLO ECONÓMICO en todos los entornos está relacionado con los ingresos de las personas y los bienes de consumo que pueden conseguir. Lo que es diferente es la FORMA como eso se puede hacer.

Como la forma puede ser diferente, es **<u>absolutamente necesario</u>** que los países definan los entornos que quieren tener, para buscar ese DESARROLLO ECONÓMICO. En todos los entornos solo existen dos grandes componentes: **el Estado y el resto de las economías.**

En un extremo del espectro están los Estados totalitarios y su propiedad de todos los bienes de producción, generalmente con el Estado tomando las decisiones de producción y distribución de todos los bienes.

En el otro extremo del espectro están los Estados más democráticos y las economías de mercado, con la propiedad privada de todos los bienes de producción y, la libertad total en las decisiones de producción y consumo. Todos estos conceptos y, su interacción, es lo que define los entornos políticos y económicos en los países.

Los conceptos de "propiedad" y "dinero" son diferentes en todos los entornos, la forma cómo se legisla es diferente, la forma cómo se toman las decisiones es diferente. De todas formas, cualquiera que sea el entorno político o económico, el concepto de desarrollo económico está relacionado con los ingresos de las personas. En un extremo, ingresos proporcionados por el Estado a las personas y en el otro, ingresos conseguidos por las personas con su trabajo.

En el comienzo del libro aclaré que solo me refería a los entornos políticos democráticos y los entornos económicos con economías de mercado. En otras palabras, las DEMOCRACIAS, con ECONOMÍAS DE MERCADO. En el mundo existen muchos matices diferentes en las economías de mercado que pueden ser compatibles con las democracias, normalmente relacionadas con las formas como se hacen las cosas. Independiente de esas "variaciones", en todas las democracias el Estado solo tiene tres responsabilidades básicas indelegables, antes de pensar en hacer cualquier otra cosa: **La seguridad interna y externa del país, la administración de justicia y la legislación.** Todas se pueden efectuar en formas diferentes, con prioridades diferentes.

Como ya lo expliqué antes, en la historia de la humanidad, las sociedades siempre se organizaron para administrar justicia mucho antes que pensar en organizarse políticamente, o económicamente. Para lograr eso tenían que legislar y tener, por lo menos, la seguridad interna de sus países.

Tan cierto es todo eso que solo hasta que el Estado en Colombia pudo manejar el tema de "seguridad" adecuadamente, se produjo el aumento en la actividad económica requerido para producir desarrollo, aumentar el nivel de desarrollo que no había podido aumentar durante toda su historia. Manejar adecuadamente la seguridad interna consistió en reducir los niveles de inseguridad a unos puntos que no afectaran en materia grave todas las demás actividades de la economía, todo el tiempo, como siempre había sucedido.

En los años 1990-1995 el PIB pudo superar los niveles de USD$30.000MM anuales, debido principalmente a la "apertura económica" que se comenzó a implementar, llegando a cifras cercanas a los USD$100.000MM hacia finales de esa década. En los primeros años de la década del año 2000 vuelve a disminuir a cifras alrededor de los USD$80.000MM. A partir del año 2005 el PIB aumenta a USD$150.000MM anuales y, continúa subiendo hasta USD$290.000MM en el año 2010.

Durante los años 2011-2014 continúa subiendo, hasta llegar a niveles de los USD$380.000MM en el año 2014. Solo hasta el año 2005, en que se tiene el manejo adecuado de la "seguridad interna" se puede conseguir el aumento necesario en la actividad económica requerido para producir aumentos importantes en los niveles de DESARROLLO ECONÓMICO. Demostración más que suficiente para probar lo que estoy diciendo sobre la necesidad e importancia de tener un nivel adecuado de "seguridad" y, los efectos que eso tuvo sobre los niveles de desarrollo.

Los resultados anteriores también se pueden demostrar por el lado de los "ingresos per cápita" en USD$. Hasta el año de 1990, el ingreso per cápita colombiano jamás había podido superar los niveles de USD$1.300 anuales, cifra realmente irrisoria. Hacía finales de la década de los 1990 el ingreso per cápita aumenta a niveles de USD$2.500 anuales. En los primeros años de la década de los años 2000 el ingreso per cápita vuelve a disminuir hacia USD$2.000, reflejando la caída en los valores del PIB.

Solo a partir del año 2005, el ingreso per cápita vuelve a llegar a USD$3.500 anuales y, continúa subiendo hasta los niveles de USD$8.000 anuales en el año 2014, como consecuencia de los aumentos en los valores del PIB. Cifra ésta todavía irrisoria, pero muy diferente a lo que se había podido conseguir en toda la historia. La demostración real de que Colombia es hoy un país muy diferente al de hace 12 años, con niveles de vida muy superiores a los que siempre tuvo.

En los años 2015-2016 las cifras vuelven a disminuir. Más adelante analizaremos el comportamiento de los dos últimos años. De todas formas, el gran reto de aquí en adelante es cómo recuperar los niveles conseguidos en el año 2014. Los grandes retos de los desarrollos económicos es cómo mantenerlos y lograr que aumenten.

Más adelante actualizaremos las cifras y daremos algunas conclusiones sobre cómo seguir creciendo. En ese análisis es de vital importancia poder llegar a algunas conclusiones sobre cómo se debe diseñar la interacción entre el Estado y el resto de la economía. Qué es lo que le corresponde hacer al Estado y qué lo que le corresponde al resto de la economía. Solo los países que logran tener esa claridad pueden pensar en un DESARROLLO ECONÓMICO sostenible. En ese análisis se pueden incluir muchos conceptos sobre "teoría económica". Como ya lo he dicho, solo hablaré de los conceptos **más básicos**, porque seguimos enredados en las prioridades más importantes, sin las cuales es imposible mantener niveles importantes de desarrollo. Ya mencionamos el efecto que tuvo la "seguridad" en el crecimiento de la "actividad económica" requerida para conseguir lo que llamamos desarrollo.

Dejemos de lado, por el momento, el concepto de actividad económica y sus componentes. Sin embargo, falta por mencionar la otra parte de la economía, que es el Estado. En Colombia todos los recursos naturales, como el petróleo, el oro, el carbón, la plata, etc., supuestamente son propiedad del Estado, aunque la mayoría de las explotaciones de minería son operadas por bandas criminales. Durante toda su historia, el Estado colombiano siempre estuvo "quebrado". Eso significa que sus ingresos jamás fueron suficientes para cubrir sus "gastos" de funcionamiento. Siempre tuvo faltantes de ingresos que trataba de manejar con "reformas tributarias", pero, en el tiempo, no alcanzaban y tenía que volver a hacer más reformas tributarias. Pero, nunca las reformas tributarias que se hicieron fueron suficientes, ni solucionaron ese problema.

En los años 2002-2003 Colombia era el país con el mayor número de secuestros en el mundo, la gente estaba desesperada tratando de emigrar a otros países porque acá no podían conseguir trabajo, el país tenía problemas permanentes de reservas, no podía importar casi nada porque no las podía pagar, había muchos problemas de suministro de energía (a pesar de las represas que había logrado construir), casi no había servicio telefónico, no existía el Internet, las empresas tenían problemas para efectuar los pagos de sus obligaciones externas por la falta de reservas.

Como ya lo mencioné, la economía era insignificante, nadie compraba ninguna empresa, ni se creaban nuevas empresas. Mi padre decía que las "ventas" de la General Motors eran mayores que el PIB colombiano, para enfatizar la magnitud del problema. A partir del año 2005 los ingresos del Estado empiezan a crecer con el crecimiento del resto de la economía.

Por primera vez en su historia, el Estado colombiano empieza a salir de su "quiebra" permanente, por el aumento de sus INGRESOS, por los mayores pagos de impuestos, por el aumento de toda la actividad económica. Pero, además por el aumento de las exportaciones, debido a inversiones extranjeras, principalmente en carbón y, por las exportaciones de PETRÓLEO, las cuales tuvieron su impacto completo a partir del año 2008. **Es necesario explicar las razones por las cuales las exportaciones de petróleo fueron posibles y tuvieron ese impacto tan grande en las finanzas del Estado.** El manejo adecuado de la seguridad y, el aumento en las exportaciones de los recursos naturales, principalmente carbón y petróleo, le permitió al Estado comenzar a tener PRESUPUESTOS ANUALES de **USD$100.000MM** durante los últimos 10 años, por primera vez en su historia. El Estado entonces pudo ponerse a pensar en las "negociaciones de PAZ" con las guerrillas y, todas las inversiones en infraestructura que ha podido hacer.

En 1972 ECOPETROL era una empresa más del Estado colombiano completamente quebrada. Tenía unos problemas financieros monumentales. Por ejemplo, tenía fincas ganaderas para entregarle a los empleados de la USO la cantidad de carne negociada por convención. Todos tenían carnicerías en Barrancabermeja para vender la carne que no alcanzaban a consumir. ¿Pero, que fue lo que sucedió que ECOPETROL terminó por convertirse hoy en la empresa más importante del país?

Es importante explicar el detalle de eso, porque tiene una explicación que nadie conoce. En toda mi vida jamás he oído la explicación y yo jamás dije nada, hasta ahora.

Lo sucedido tiene nombre propio y, ese nombre es el MÍO. La solución a los problemas de ECOPETROL fue mía. Todo eso es parte de la "historia económica" del país y, debería ser enseñada a las generaciones jóvenes en las universidades.

En ese momento ECOPETROL estaba construyendo dos refinerías, una en Tumaco y la otra debía ser construida cerca de Cali. Necesitaban aumentar la capacidad de refinación.

En Tumaco ya se habían gastado $500MM de Pesos adecuando terrenos. En la de Cali todavía no habían iniciado construcción. Las dos refinerías debían operar con crudo importado. El precio del crudo, en ese momento, era **USD$1.40 por barril**. Cuando entré a trabajar en ECOPETROL, por iniciativa propia, me puse a hacer un **FLUJO DE CAJA** de ECOPETROL, cuando nadie en Colombia tenía ni idea lo que era eso. Los empleados tampoco sabían qué era eso. ¿Pero, para qué hacer el flujo de caja, si la decisión de construir las refinerías ya estaba tomada?

La razón para hacerlo era poder efectuar un **análisis de sensibilidad,** para determinar hasta donde podía aumentar el precio del crudo, sin que se volviera un **problema financiero** inmanejable para ECOPETROL. Era absolutamente necesario poder hacer el análisis de sensibilidad para determinar si había "riesgo" y su magnitud. El resultado me dio que si el precio del crudo aumentaba como a **USD$2.20** el barril, era un problema financiero inmanejable.

Le comenté el resultado del análisis a Milton Rodríguez, Director de la División de Planeación y Mercados. Lo convencí que el riesgo era demasiado grande. En 1972 nadie en Colombia sabía que era un flujo de caja y mucho menos que se podía utilizar como herramienta de administración o análisis financiero. ¿Pero, más importante, pueden entender la dificultad de hacer un flujo de caja de una empresa como ECOPETROL, sin la ayuda de los PCs y, demás softwares existentes hoy? A pesar que ECOPETROL fue la empresa que tuvo el **primer computador** en Colombia, este era un trabajo manual, porque no se podía programar ese computador para hacerlo.

En ese momento el Presidente de la empresa era Mario Galán, padre de Luis Carlos Galán. Nos fuimos a hablar con él y lo convencimos de suspender los proyectos, porque el riesgo era demasiado grande.

Mario Galán convenció a la Junta Directiva de suspender su construcción. La prueba de lo que digo, es que esas dos refinerías no existen hoy. ¿Pero, entonces qué hacer? Yo propuse desarrollar una política de **exploración y explotación de crudo, por asociación** con las compañías petroleras extranjeras que en esa época, en el mundo, eran Norte Americanas, básicamente.

Adicionalmente, propuse comprar la refinería Norte Americana de Mamonal, en lugar de ponerse a construir refinerías. Era mucho menos costoso comprar una refinería existente, para aumentar la capacidad de refinación. Esa refinería hoy es **REFICAR**. En esa época la discusión con los empleados de la USO era muy complicada por sus creencias izquierdistas de no "entregar los recursos naturales del país a los extranjeros". Hacían huelgas todo el tiempo. Mi padre renunció como Ministro de Minas y Petróleos de Alberto Lleras, por una de esas huelgas y, no estar de acuerdo con el manejo del tema del Presidente.

En los años 70´s ECOPETROL no tenía, ni la capacidad financiera, ni la capacidad tecnológica, para explorar y extraer crudo ella sola. El crudo en Colombia se encuentra muy profundo y, los costos de la exploración y explotación son muy altos. Los Presidentes siguientes mantuvieron las políticas definidas, durante los siguientes 35 años y, esto fue lo que produjo la ECOPETROL de hoy, con capacidad de producir casi un millón de barriles diarios de crudo.

Dos años después de estas decisiones, en 1974, se fundó la **OPEP** y el precio del crudo aumentó a **USD$44.00 por barril en un día**, produciendo una catástrofe mundial. En los siguientes años, las compañías extranjeras petroleras, básicamente Norte Americanas, lograron bajar los precios del crudo a alrededor de USD$15 el barril, el cual se mantuvo hasta el año de 2005, en que volvió a llegar a USD$44 el barril y siguió, hasta llegar a USD$120 en el año 2011. Luego bajó a alrededor de USD$100, donde se mantuvo como cuatro años, hasta el 2014. En el 2015 volvió a bajar, llegando hasta alrededor de USD$30-40 el barril, aunque el promedio del año estuvo cercano a USD$60. En los dos últimos años se ha mantenido alrededor de USD$50.

Durante todo ese período como de 30 años, después de 1975, ECOPETROL no hizo inversiones importantes en la infraestructura de la refinería de Mamonal.

Durante ese período la política de exploración y extracción de crudo por asociación fue reduciendo gradualmente la importancia e influencia de la USO en la empresa, hasta que desaparece completamente, también en la medida que fueron cambiando en el país las leyes laborales.

En su primer gobierno Álvaro Uribe trata de tramitar una reforma fiscal, porque en ese momento el Estado colombiano estaba quebrado, pero no fue aprobada por el Congreso. Entonces se "inventa" la fórmula de empezar a "amarrar" el precio de la gasolina al precio internacional del crudo. En el año 2005 empiezan a sentirse los aumentos en el precio del crudo. Eso ayuda a los ingresos del Estado, en ese momento.

Cuando el precio del crudo se sube a USD$100 y ECOPETROL ya puede producir casi un millón de barriles de crudo diarios, el gobierno continúa con el esquema. El Estado decide exportar todo el crudo que puede producir, e importar la gasolina y otros productos refinados necesarios para el consumo interno, porque esto representaba un beneficio financiero mucho mayor que producir los productos refinados. Con esos precios del crudo era mejor financieramente hacerlo así.

Los consumidores colombianos no dicen nada y terminan pagando la gasolina más costosa del planeta, sin ninguna razón. Hoy todavía lo están haciendo. Lo importante de todo esto es que los valores de las exportaciones de crudo y los de otras exportaciones, con los mayores recaudos de impuestos debido al crecimiento de la economía, le empiezan a generar al Estado los presupuestos que hoy puede tener anualmente. Oh MILAGRO, el Estado colombiano había podido salir de su quiebra permanente.

La exportación de crudo a esos precios es lo que le permite al Estado colombiano salir de su quiebra y comenzar a manejar presupuestos anuales de USD$100 billones anuales, cuando unos años antes, nadie en Colombia tenía ni idea qué era un billón de Pesos. Hoy todas las personas "hablan" de billones de Pesos y Dólares.

Nada de lo que está sucediendo hoy en REFICAR tiene que ver con la decisión de comprarla a los Norte Americanos en 1972. Durante más de 30 años no se hizo nada con esa refinería porque no había el dinero para hacerlo. Cuando ya existió el dinero para modernizarla y ampliarla, se hicieron las inversiones necesarias. Esa modernización y ensanche de REFICAR tuvo todo el sentido para la economía colombiana.

Los años futuros seguirán proporcionando beneficios a todos los colombianos, por los ingresos de las "exportaciones" de crudo y la capacidad que hoy existe de producir toda clase de productos refinados, para consumo interno, o para exportación. Independiente de todos los problemas de corrupción durante los ensanches, REFICAR se convirtió en una de las refinerías más modernas y grandes de Sur América.

Dicho todo lo anterior, miren lo que ha sucedido. Como todas las cosas que suceden en Colombia, el análisis de los problemas de corrupción en REFICAR durante los ensanches y modernizaciones se han convertido en unos carruseles de "explicaciones" donde nadie tiene ninguna "responsabilidad" de nada. Ninguno de los personajes "expertos" que pasaron por las administraciones y Juntas Directivas es responsable de nada, sencillamente porque se están manejando Activos y Recursos del Estado, que no le duelen a nadie.

Se puede decir lo que se quiera decir para "demostrar" lo que se quiera demostrar, pero lo único cierto y verdadero es que todos los "problemas" de hoy, en REFICAR, son producto de errores de ADMINISTRACIÓN y, CORRUPCIÓN en algún sentido. Eso significa que SÍ existe una responsabilidad, la de las administraciones, incluidas las Juntas Directivas. Obviamente, ninguno de los "personajes" tan importantes que han pasado por REFICAR tienen ninguna responsabilidad y, jamás van a ser enjuiciados por ninguna razón.

Resulta que los "detrimentos patrimoniales" son producto de malas administraciones, no de corrupción, según los "expertos" jurídicos. Las malas administraciones no son delitos, en cambio la corrupción sí. Cómo ningún "personaje" de cualquier administración pública jamás es responsable por una mala administración y, todos obviamente, son honestos, no son culpables de nada. Como está definido que la corrupción no es consecuencia de una mala administración, nadie jamás podrá ser culpable.

Es necesario volver a mencionar el concepto porque la gente no entiende, no le gusta el tema y cree que sabe sobre el tema. Desarrollo Económico se estudia con Economía. Al estudiar sobre Desarrollo Económico es necesario estudiar sobre Entornos Políticos y Entornos Económicos. Es necesario estudiar sobre los dos entornos porque todos los países modernos están conformados por esos dos entornos. Cualesquiera que sean las filosofías de los entornos, siempre van a tener que interactuar entre ellos, por la sencilla razón que ninguno puede existir sin el otro.

Como en la historia de la humanidad se definieron primero los entornos políticos antes que los económicos, igualmente, hoy se debe definir primero el político, para poder definir el económico. Las sociedades de los países tienen que pensar si lo que quieren es un entorno político Comunista, Socialista, una Dictadura, una Democracia, una Monarquía, por ejemplo, o cualquier otro. La definición del entorno económico depende de la definición del político y, se define por medio de legislación. En cada uno la organización económica es diferente y, su funcionamiento es diferente. La Legislación depende del entorno político que se defina.

El origen del lenguaje jurídico "Romano", o "Anglo-Sajón" no tiene nada que ver con la Legislación, o la Administración de Justicia. Todo eso es pura basura de los Abogados para confundir la aplicación práctica del concepto de la Administración de Justicia.

En el caso colombiano, que es el que nos ocupa, se supone que la mayoría de las personas quieren un **Entorno Político Democrático**. Todas las personas, incluidos los políticos, solo hablan de Democracia, libertades, derechos, justicia y muchos conceptos más que solo terminan convirtiéndose en "palabras" sin sentido.

Las Democracias pueden tener entornos económicos con diferentes matices, pero todos relacionados con "libertad" económica. Está demostrado históricamente que el entorno económico que mejor se acomoda a una Democracia es la llamada "economía de mercado". Está demostrado históricamente también, que la "economía de mercado" y la Democracia son los entornos que más se adaptan a la naturaleza humana. El mercado tiene libertad de definir lo que se hace, cuando se hace y, como se hace, obviamente, sin atropellar los derechos de los demás. El mercado es el más eficiente para ubicar todos los recursos y, darles la mejor utilización, con el menor desperdicio de recursos posible.

Hasta ahora, en la historia de la humanidad, no ha existido una combinación de entornos políticos y económicos que haya producido un mayor nivel de "desarrollo económico" que el de la Democracia, con una Economía de Mercado.

De todas formas, cualquiera que sea la combinación de entornos que los países definan, en todos tienen que "definir" las formas de interactuar. En cada uno, interactúan en formas diferentes. Finalmente, todos están buscando el mismo objetivo, que es el de conseguir "Desarrollo Económico", que consiste en el mayor nivel de bienestar y/o riqueza, para el mayor número de personas.

Aunque existen muchas formas diferentes de medir los niveles de bienestar de las poblaciones, lo importante es que cada Entorno Económico tiene que definir una forma de hacerlo y medirlo.

Como ya lo he dicho decenas de veces, los que definieron la Democracia definieron que el Estado solo tiene tres responsabilidades básicas indelegables, antes de pensar en otras actividades que piensen se requieren para aumentar los niveles de bienestar y riqueza. Como ya lo hemos dicho, también, hasta la saciedad, esas tres responsabilidades son: **La seguridad interna y externa del país, la administración de justicia y la legislación**. Como estaría en Colombia todo el mundo tan equivocado, que durante décadas la sociedad colombiana siempre le pidió al Estado que se gastara sus escasos recursos haciendo lo que no le correspondía. Desde que me gradué de la universidad, la discusión de todos los colombianos siempre fue esa. Los colombianos siempre pensaron que el Estado debía proporcionar todo lo que les faltaba, en un momento dado.

Antes del año 2000 el Estado colombiano siempre estuvo quebrado, o sea, que sus ingresos no alcanzaron nunca para cubrir sus gastos de operación, pero la gente siempre le pidió al Estado que hiciera reformas agrarias, fuera el mayor generador de empleo en la economía, diera educación y salud a la población, construyera trochas, operara los puertos y muchas otras responsabilidades. Nunca pudo la actividad económica colombiana lograr ninguno de esos objetivos, ni conseguir nada importante en su desarrollo, pero nadie se preocupó jamás si, de pronto, era por estar haciendo algo equivocadamente.

Claro que eso jamás lo mencionaban o aceptaban los políticos, o los economistas, porque, igual que ahora, siempre se hacía todo bien, nadie se equivocaba. Pero, a pesar de todo ese "optimismo", los problemas económicos y de "seguridad" eran monumentales. Todo ese "optimismo" se fue convirtiendo en "pesimismo" y la gente empezó a buscar maneras de irse a vivir a otros países, porque acá no existían, ni posibilidades de trabajo, ni posibilidades de mejorar el Desarrollo Económico. Como ya lo he dicho, también, decenas de veces, Colombia jamás pudo conseguir niveles importantes en su Desarrollo Económico hasta que el Estado cumplió con UNA de sus tres responsabilidades, que fue el manejo adecuado de la SEGURIDAD.

Es necesario seguir repitiendo ese concepto porque nadie lo entiende, o lo explica en la forma correcta. El manejo adecuado de la seguridad produjo el **aumento en la actividad económica** necesaria para producir desarrollo, a comienzos de la década del 2000, porque aumentaron las inversiones nacionales y extranjeras, la creación de nuevas empresas, la generación de empleo, el aumento de las importaciones para nuevas inversiones, el aumento en las exportaciones que aumentaron los ingresos públicos y privados. ¿Quien se imaginaba que eso podía suceder en Colombia hace 10 años?

Si los colombianos hubieran entendido lo sucedido y, las razones por las cuales sucedió, no estaríamos, enfrascados en las discusiones actuales sobre cómo administrar el Desarrollo Económico futuro. ¿Por qué empieza ahora a aparecer nuevamente el "pesimismo" sobre el futuro? Si todo eso se hubiera entendido, no estaríamos tan confundidos sobre cuáles deberían ser las **prioridades actuales**. Estamos otra vez teniendo las mismas discusiones que teníamos antes del año 2000, sobre cómo conseguir mayor Desarrollo Económico.

Como no sabemos cómo se obtuvo el desarrollo conseguido, no sabemos cómo mantenerlo, cómo perpetuarlo y, mucho menos, cómo continuar aumentándolo. El pesimismo general empieza a volver a aparecer. Seguimos en la misma confusión sobre las prioridades del Estado, antes de continuar pensando en las demás actividades que puede asumir. Los políticos no piensan jamás en conceptos como las "teorías" sobre desarrollo, sino en sus "imágenes" personales. Si existiera entendimiento de cómo se consiguió el nivel actual de desarrollo, si existiera entendimiento sobre la teoría del Desarrollo Económico, la gente entendería la importancia de definir adecuadamente las prioridades de las responsabilidades del Estado y las del resto de la economía.

¿Qué es lo que le corresponde hacer al Estado y qué es lo que le corresponde al resto de la economía? En una Democracia, con una economía de mercado, al Estado **no le corresponde hacer todo**. El Estado no produce Desarrollo Económico. El Estado no genera riqueza. La única actividad diferente a las tres responsabilidades indelegables del Estado que se puede desarrollar en cualquier momento, es la **construcción**, incluidas todas las **obras de infraestructura**. La "construcción" nunca ha sido incompatible, en los procesos de Desarrollo Económico. No solo la construcción de infraestructura, sino todo tipo de construcción.

No sé si alguien todavía se acuerda de las opiniones de Lauchlin Currie, de hace 50 años en su "Operación Colombia", de quien fuera Consejero Económico de gobiernos en Norte Americanos después de la Gran Depresión. Tan cierto es todo esto, que las únicas responsabilidades del Estado son esas tres. No es necesario nada más. El resto de la economía se encarga del resto. Lo único importante es que exista algún tipo de política sobre "distribución del ingreso", para disminuir las desigualdades económicas de las poblaciones. De eso se debe encargar la legislación, en combinación con la economía de mercado. Lo importante es que existan las oportunidades de empleo y eso depende del nivel de la actividad económica. La Educación y la Salud pueden ser privadas. Lo único importante es que si se define que hay una parte de Educación y Salud pública, estas jamás se pueden hacer antes de garantizar que las tres responsabilidades indelegables se están cumpliendo completamente. Los recursos del Estado solo se pueden utilizar en esas actividades, antes que cualquier otra.

En los países desarrollados con democracias y economías de mercado, donde se supone que no existen problemas graves de administración de justicia o legislación, el Estado, por ejemplo, solo se podría dedicar a la seguridad interna y externa y mantener las obras de infraestructura. El resto de la economía se encargaría de cualquier otra actividad requerida por la población. Claro, no siempre es así de simple todo. A veces se requieren algunas intervenciones del Estado, pero entre más se limiten, mejor. La gente se olvida que los Estado normalmente son malos administradores, entonces sus responsabilidades deben estar bien definidas. Se supone que es en las democracias donde las personas tienen la mayor oportunidad de "participar" en este tipo de decisiones.

Ahora la economía colombiana se encuentra en un momento crucial de su desarrollo porque resulta que el Estado, que es el responsable de la administración de justicia no ha querido hacer nada en este aspecto. Parece que pensaran que eso no tiene nada que ver con ellos. Todos los problemas legislativos y la aplicación de las leyes están relacionados con la administración de justicia. La definición de administración de justicia en las Democracias es muy simple y fácil de entender. Tampoco es tan complicada de aplicar en la práctica. **Lo único que se requiere es "desinterés" en su aplicación**, o sea, que exista realmente la administración de la justicia.

¿Será que no existe ningún político colombiano que tenga estos intereses, sentimientos, o deseos? Es muy triste y deprimente que los únicos sentimientos de los colombianos sean la corrupción, la egolatría, la necesidad de aparentar lo que no es, de no saber lo que no se sabe. Parece que Colombia es solo eso. Mientras no se entienda, como país, la necesidad de enfrentar el problema de ADMINISTRACIÓN DE JUSTICIA, no podremos salir de la "confusión" conceptual en la que estamos. Los colombianos tienen que ponerse a pensar y entender la gravedad de todas sus "limitaciones" de carácter. En el tema de SEGURIDAD hay avances, pero falta mucho por hacer. La falta de administración de justicia es la responsable de casi todos los problemas y conflictos que tiene la sociedad.

Es absolutamente increíble que las personas no hayan podido entender eso, con todas las cosas que han sucedido en la última década. ¿Cómo no van a ser determinantes los "problemas de carácter", si nadie quiere solucionar los conflictos existentes? Las personas hacen solo lo que quieren, cuando quieren, donde quieren, sin ninguna consideración o respeto por los demás. Se puede ver en todas las cosas que se hacen, desde las más simples, hasta las más complejas. El problema de corrupción por la falta de administración de justicia está afectando todo lo demás en materia grave y, por lo tanto, está afectando todo lo relacionado con EL DESARROLLO ECONÓMICO, empezando por las "expectativas" y la "confianza" de las personas, estados mentales absolutamente necesarios para que se produzca "actividad económica". Si esos estados mentales no son los adecuados, no se producen las decisiones económicas adecuadas. ASÍ ES EN LAS DEMOCRACIAS Y ECONOMÍAS DE MERCADO. En los otros entornos las decisiones dependen de otros factores.

Las personas entonces están gastando la mayor parte de su tiempo "enviando mensajes de solidaridad", a los damnificados de Mocoa, "lamentándose" de lo sucedido, o hablando de la "situación geo-política" del mundo, en lugar de tratar de entender por qué fue que eso sucedió. Ahora resulta que con cada aguacero se pueden producir "avalanchas" y "derrumbes". Eso jamás sucedía antes. Lo sucedido en Perú tiene las mismas causas. Finalmente, todas las equivocaciones pasadas le están cobrando al país. ¿Será que en el futuro se van a corregir esas equivocaciones? ¿Ustedes qué opinan? Por ahora parece que las personas solo "hablarán" de las causas, pero no harán nada para corregirlas. ¿Necesitamos varias década más de solo "habladurías"?.

¿Se imaginan la magnitud del problema de reubicar todos los pueblos, o barrios, de Colombia que están construidos en los sitios que no son? Bueno, allí tienen los Ministros de Hacienda para entretenerse por un rato. Claro que siempre podrán hacer más "reformas fiscales" para manejar esos costos. Además, ellos siempre piensan que las reformas fiscales se necesitan para conseguir "desarrollo económico". En mi opinión, un ejemplo más de la ignorancia que existe en los "funcionarios" públicos en materia económica, en las democracias y economías de mercado. Ahhh, yo siempre hablando pendejadas, ellos siempre saben todo, el que sabe soy yo. El problema del resto de colombianos es que eso no es así.

Como dicen los autores de la obra "Sala de Espera", Colombia es una "sociedad zombie". No voy a mencionar estudios o análisis geo-políticos relacionados con Desarrollo Económico, ni profundizar más, por el momento, sobre política macro económica, porque estamos en un punto muy BASICO del análisis sobre nuestro Desarrollo Económico. Así como nadie creyó durante décadas que era importante proporcionar seguridad, hasta que se hizo, ahora nadie cree que es de vital importancia mejorar la Administración de Justicia, lo cual está afectando todo lo demás que sucede, socavando la importancia de la aplicación de las leyes y, todo lo demás que implica esa administración de justicia.

Se van acabando las palabras para volver a decir lo mismo. Cómo es posible que la gente, después de las experiencias reales y prácticas que ha visto y vivido siga pensando que las cosas solo suceden porque sí. Las cosas que suceden siempre tienen causas. Es indispensable seguir insistiendo en la "responsabilidades" indelegables del Estado, porque sin su correcta aplicación en la práctica, es absolutamente IMPOSIBLE LOGRAR DESARROLLO ECONÓMICO, en una Democracia.

Ni siquiera fui yo el que se inventó el concepto sobre la administración de justicia. Se lo inventaron los que definieron la Democracia hace 300 años, como ya lo he dicho, pero es necesario seguir repitiéndolo. No es necesario remontarse a la Democracia definida por los Griegos. El problema es que esa discusión se está volviendo una discusión inútil, en este momento, porque todos los colombianos tienen su propia versión correcta, o no la tienen, porque no piensan por qué suceden las cosas. Lo cierto es que la falta de Administración de Justicia ha producido aumentos gigantescos de corrupción que está generando la gran mayoría de todos los conflictos sociales actuales. ¿Será que los casi $400 billones de pesos de "demandas" al Estado colombiano, sin resolver, tienen algo que ver con eso?

En el futuro cercano, el país tendrá que "enfrentar", con todas sus consecuencias, los acuerdos de PAZ firmados con las guerrillas, que dicen costaran como $100 Billones de Col. Pesos, que nadie sabe realmente. ¿Pero, que será lo que sucederá con todo el "post conflicto", con la confusión existente sobre la Administración de Justicia? De todas formas, en el tiempo, el Estado será el responsable de enfrentar y someter todas las bandas criminales nuevas que han surgido y, todas las demás situaciones relacionadas con la delincuencia y los delitos rampantes hoy, porque decidió que no podía volver a hacerlo mientras "negociaba" la PAZ, incluido el deterioro nuevamente de la seguridad ciudadana.

De todas formas, como ya lo dije, si los ingresos del Estado no son suficientes, en su opinión, los políticos pensarán en OTRA **reforma fiscal** para aumentar sus ingresos, la gente gritará y se quejará, pero pagará. Tan ignorantes son los colombianos del significado de las democracias que los funcionarios públicos nunca han entendido y, las demás personas tampoco, que en una Democracia, el dinero es de los ciudadanos, del que se lo gana y, no del Estado. Los ciudadanos están de acuerdo en pagar unos impuestos para que el Estado pueda desarrollar unas responsabilidades, sin abusar del poder recibido. A su vez, los ciudadanos son "responsables" de cumplir con los pagos de los impuestos definidos por las Leyes. Lo que no puede seguir igual, si queremos pensar "todos en un nuevo país" es que **las leyes se administren con intimidación, abuso a los usuarios y arbitrariedad en su aplicación.**

Aunque no es así en las democracias, en Colombia las discusiones y análisis sobre si los niveles en los gastos públicos son adecuados, jamás ha sido como debe ser. La ineficiencia, la corrupción, las mentiras y el despiste del Estado son los causantes de la "falta de recursos" permanentes del Estado, sin importar los niveles de Ingresos. La gente no entiende y no está de acuerdo con la gran mayoría de las cosas que suceden, cómo se están haciendo y por qué se están haciendo, pero no sabe qué hacer. Solo se producen algarabías sin sentido todos los días. Como eso definitivamente parece ser así, por eso hemos pensado en la opción de **LA OCTAVA PAPELETA.** Si no resulta, pues no resulta. Como la alternativa de un golpe de estado, por ahora no es posible, la gente (¿será que se los puede llamar así?) tiene que pensar en el poder del voto que supuestamente tiene. El problema de la "abstención" tan alta en las votaciones colombianas es un problema y, si eso define la suerte de ese REFERENDO, pues que los colombianos de jodan. Pueden seguir rezando, viajando y hablando pendejadas en las redes sociales, porque ya no son los más felices.

Existe un enorme desorden en todas las actividades de las personas, todo relacionado, de una forma u otra, con la **administración de justicia** y la **aplicación de las leyes**. Ni siquiera vale la pena pensar en qué será lo que piensen el sector productivo, o las demás personas, porque nadie piensa en nada realmente importante para el desarrollo como país.

La definición de administración de justicia que he entregado solo chocaría con las dictaduras y el Comunismo, pero realmente no creo que choque con la visión de nadie más en Colombia. ¿Como es posible que el Estado colombiano no tenga una versión, a estas alturas de la vida? ¿Será que ese tema de la "JEP" puede funcionar sin administración de justicia para toda la demás gente? ¿Será que alguien se ha sentado a pensar que va a suceder sin hacer nada con el resto de la administración de justicia? El desorden generalizado y el deterioro de la seguridad ya se ven otra vez.

Realmente no creo que sea posible subsistir con todo el desorden producido por la falta de administración de justicia. ¿Algún colombiano todavía piensa que no existen problemas de corrupción y administración de justicia? La vida diaria se le está volviendo imposible a las personas, aunque muchos todavía piensen que no es así. Es imposible que todo el mundo piense que puede hacer todo lo que se le dé la gana, sin volverle la vida imposible a los demás. El comportamiento de las personas en sociedad debe tener unas normas para evitar atropellar a todos los demás. **Todo está relacionado en alguna forma con la administración de justicia, aunque los "expertos" no piensen en eso, o crean que no es así.**

También es increíble la capacidad de los "expertos" de hablar "!e popó" y la capacidad de todos los demás de aceptar todas esas opiniones. No sé de donde aparecieron de pronto todos esos "expertos" que siempre están siendo entrevistados sobre lo que no saben. No entiendo tampoco cómo tantas personas sin ningún tipo de experiencia importante, sin haber logrado nada importante en la vida, sin haber contribuido a solucionar nada, se volvieron "expertos". ¿Quienes son los que deciden todo eso? ¿Eso es lo que es la "opinión pública"?

La publicación de mi hoja de vida no es caprichosa, aunque la gente piense que sí, diga que no le interesa y, algún "experto" piense que tiene una hoja de vida más importante. Sin duda hay personas con más estudios y títulos que los míos, pero, no creo que haya muchas personas en Colombia con "logros" tan importantes.

Mi hoja de vida debería interesarle a la gente porque yo hice cosas muy importantes para empresas y el país, solucionando problemas que ningún propietario o empresario pudo solucionar, para beneficio de ellos y el país.

Es tan grande la ignorancia y terquedad sobre algunas cosas importantes que han sucedido en la historia del país que quiero dejar todo esto escrito. Que mejor forma de demostrar y probar el problema de administración de justicia que con ejemplos de primera mano, ejemplos de situaciones que alguien vivió realmente. El Estado colombiano me robo en muchos momentos e instancias de mi vida. Estoy totalmente seguro que no soy la única persona a quien le ha sucedido esto, aunque nadie admita lo suyo. Como en Colombia nadie tiene problemas y, como yo no pude jamás evitar, o corregir, ninguno de los eventos de corrupción que me afectaron en materia grave, pienso que lo mejor es explicarlo con ejemplos reales y, dejar constancia de la existencia de las PRUEBAS. Pruebas que en algunos casos no pudieron ser utilizadas y, otras veces no sirvieron para nada, en una demostración más que todo lo que estoy diciendo si sucede con la administración de justicia. Si después de todo eso la gente sigue sin creer, o importarle, quedará en la conciencia de ellos.

Siempre me produjo mucha curiosidad por qué Colombia se volvía un país, cada vez más corrupto, en la medida que su desarrollo mejoró. En la medida que el PIB crecía y, el Estado iba saliendo de su quiebra, o sea, que manejaba más recursos, la corrupción aumentaba. Hoy ya sé que hace 10 años nadie pensaba que la corrupción era importante, porque no había mucho dinero para robar. Hoy si hay mucho dinero para robar, por lo menos para los colombianos.

Cuando el Estado tenía ingresos que no le alcanzaban ni para pagar sus gastos de administración, los carruseles eran pequeños y la corrupción no preocupaba a nadie. En la medida que la economía del país comenzó a crecer en forma importante y los ingresos públicos comenzaron a crecer, la corrupción se generalizó y se volvió un problema monumental. ¿Será que la gente necesita más pruebas de la magnitud del problema de corrupción y los efectos que todo eso está teniendo en la vida diaria de los colombianos? **Hoy no existe actividad del Estado y probablemente del sector privado colombianos que no estén tocados por alguna forma de CORRUPCIÓN.**

Los "abogados exitosos" han ganado fortunas en el ejercicio de su profesión de esta forma. Sería interesante saber si a los "Abogados exitosos" colombianos les interesa hoy ayudar a corregir el problema. Es muy injusto que la gran mayoría de esos Abogados famosos hayan conseguido todo ese dinero con la CORRUPCIÓN. ¿Ya es imposible que puedan dar reversa, porque sería igual que admitir que eso si fue así? ¿A nadie le importa que sea así? ¿A nadie le importa el futuro del país? _Muchas personas han sido lastimadas, sin razón._ _Eso no puede tener perdón y, está muy mal **que se siga repitiendo**_. ¿Estoy equivocado pensando que mientras no se corrija lo que digo, se va a seguir repitiendo? Los "Abogados exitosos" piensan que nada de eso es con ellos y no tienen por qué involucrarse en la solución.

¿Hasta donde toda la confusión conceptual de los colombianos sobre su Entorno Político y Económico y su inadecuada Administración de Justicia, va a afectar la implementación de LA PAZ negociada? Los problemas de hoy son mucho más complejos, hay más gente y, aunque hay más dinero, están floreciendo todos los problemas de carácter de los colombianos. Como todos saben todo, hay mucha polarización. Colombia ha sido un país muy culo, abusivo, injusto, arbitrario, con muy poca participación de las personas en las decisiones y, las FARC-EP lo están cobrando en estas negociaciones, porque nadie más lo va a hacer.

¿Por qué el Estado colombiano JAMÁS ha aceptado o admitido que los problemas de "guerrilla", "paramilitarismo" y "narcotráfico" se originaron por el incumplimiento de sus responsabilidades básicas, indelegables que le correspondían? Si el Estado lo hiciera, de pronto, contribuiría a la solución del problema actual de "polarización". No sé si ya estamos "más allá" del punto de no retorno, en el sentido que la sociedad actual ya no pueda hacer nada importante por el futuro colombiano y, todo el mundo se tenga que mamar el futuro que va a salir de las negociaciones de PAZ. Al señor Santos solo le interesa la "imagen" y "fama" que va a tener por haber "conseguido" la PAZ. No le interesa nada más, aunque diga lo contrario y le ofrezca a todas las "victimas" todos los "premios" que ha recibido.

Vuelvo y repito, hasta el cansancio, que el Estado tiene que cumplir con sus TRES responsabilidades básicas, indelegables, para poder conservar el DESARROLLO ECONÓMICO conseguido. Colombia jamás hubiera podido evolucionar a lo que es hoy, hasta que el Estado cumplió con la primera de esas responsabilidades.

No es necesario eliminar la inseguridad totalmente, porque es imposible, si no llevándola a un nivel que no afecte en forma "definitiva" todo lo demás que sucede en la economía, como siempre había sucedido. Es igual con la administración de justicia. Tampoco es necesario eliminarla completamente porque también es imposible Siempre van a existir seres humanos que están viendo cómo joden a los demás seres humanos. La única conclusión importante de estas tres últimas páginas es que tenemos que seguir desarrollándonos económicamente. Claro que eso no es que necesariamente tenga que suceder. Por eso es que es tan importante encontrar la forma de hacerlo.

El país necesita ahora volver a tener un "impulso" importante en la actividad económica de su economía. Los factores que produjeron el impulso anterior no son los que van a producir el siguiente. ¿Por qué nadie se interesa por entender las causas de ese crecimiento anterior? ¿Por qué en Colombia todos pensamos que las cosas suceden solas, porque sí? La importancia de entender lo que sucedió es para **entender lo que debe seguir.** No existen más razones, pero esa es absolutamente importante. Lo que debe suceder, o va a suceder en el futuro, depende, en parte, de lo sucedido en el pasado, ya sea para corregir errores, o para continuar con lo que ha sido exitoso.

Por eso es necesario ENTENDER. Siempre es necesario ENTENDER y, después es necesario saber PENSAR en lo que debe seguir. Siempre es necesario saber PENSAR.

Aunque hoy día nadie lo quiera aceptar, o entender, el manejo de la seguridad fue el catalizador inicial para el crecimiento de la actividad económica, junto con **lo sucedido en ECOPETROL, fue lo que hizo posible lo que está sucediendo hoy en Colombia.** llevando a la economía a un PIB superior a los USD$370 billones y, permitiéndole al Estado tener presupuestos anuales de aprox. USD$100 billones. Si no se hubiera hecho en ECOPETROL lo que se hizo, los aumentos en los precios del crudo deteriorarían la economía del país. Hoy, junto con REFICAR, resulta que los aumentos solo benefician al país.

Colombia es un país muy diferente hoy y, de pronto, todo el mundo puede comenzar a pensar en la posibilidad de "**todos por un nuevo país**", "inversiones en infraestructura", "derechos humanos", "justicia social", "vivienda", "educación", "salud" y todo lo demás. Todos los colombianos pueden tener celulares, Internet, automóviles y viajar a ver partidos de futbol a Japón, pero el país tiene que cuidar todo eso y, hacer lo que falta. Lo que falta está en la Administración de Justicia, aunque los colombianos, en general, no lo crean.

Lo que no me ha dejado de sorprender, desde siempre, son las permanentes referencias de todo el "sector público" a la "Democracia", que es el entorno se supone quiere la mayoría de colombianos. En la medida que no se ha querido entender esto, vamos a seguir dando bandazos en las políticas macro económicas. Es cierto que el crecimiento de esa Democracia en Colombia ha sido un proceso realmente tortuoso, porque los colombianos, además, no teníamos mayor experiencia en la aplicación práctica de las democracias, aunque pensáramos lo contrario.

La mayor razón de esa dificultad, después de haber solucionado el problema de la "quiebra" del Estado, ha sido la inadecuada **administración de justicia**, origen de la gran mayoría de los problemas y conflictos sociales colombianos actuales.

Tan cierto es todo eso, tambièn, que solo debemos observar la gran cantidad de conflictos de toda ìndole que se vienen presentando en los últimos años. El Estado, que es responsable de la "administraciòn de justicia", no ha querido interesarse en eso. GRAN ERROR, porque no se están pudiendo solucionar muchos problemas, ni se están pudiendo definir polìticas coherentes sobre el "desarrollo económico" futuro.

Mientras no se enfrente el problema de ADMINISTRACIÓN DE JUSTICIA, no se va a poder seguir avanzando, o se va a perder lo conseguido. Aunque esa ha sido la historia colombiana, está mal y, ya deberíamos preocuparnos por cambiar eso, trabajando "todos por ese nuevo país", más democrático y justo, de verdad.

Así como el ciudadano tiene la obligación de pagar impuestos, el Estado tiene la obligación de actuar con LA VERDAD, en el ejercicio de esas responsabilidades encomendadas. Las leyes establecen las responsabilidades, pero no cambian "**la verdad**" de las cosas que suceden. Los empleados públicos tienen la misma obligación de todos los demás colombianos en el ejercicio de las responsabilidades de su trabajo. Así como los deberes del ciudadano incluyen, entre muchas otras cosas, "contribuir al financiamiento de los gastos e inversiones del Estado dentro de conceptos de justicia y equidad", las actuaciones de los empleados públicos, con mayor razón, tienen que estar dentro de esos conceptos de "justicia y equidad".

La mayor diferencia entre los países desarrollados y los menos, siempre ha sido la capacidad que tienen los más desarrollados de **aceptar sus errores**, identificar lo que no funciona bien y, tratar de corregirlo. Siempre lo logran y pasan al siguiente problema.

Nosotros solo hablamos de los problemas de hace 500 años. No existe ninguna razón para que eso continúe siendo así. Por muchas razones, es el momento de cambiar esa actitud hacia la vida, el trabajo, el país y, las demás personas. Cuando los problemas no se enfrentan, las consecuencias pueden ser muy graves y los problemas mucho más complicados de solucionar, en el tiempo.

Las cosas buenas suceden porque alguien hizo algo bien y las malas porque alguien hizo algo mal. No interesarse por las causas de las cosas está mal e impide encontrar las soluciones adecuadas a los problemas. Las cosas buenas generalmente significan hacer las cosas en forma diferente y mejor, de allí en adelante y, las malas solo se convierten en "corrección" de problemas. No cambiar la actitud hacia los problemas, no tratar de entender su origen, no enfrentar el problema de CORRUPCIÓN, ignorar su gravedad, no tratar de entender las prioridades que debe tener el país, no tratar de entender las soluciones requeridas para una adecuada Administración de Justicia, ni siquiera debatirlas, no tiene perdón. La gente no puede ser tan irresponsable, tan mediocre. ¿Si la gente no está de acuerdo en que estas deben ser las prioridades del Estado en una Democracia, por qué no lo pueden decir y refutarlo? ¿Por qué piensan que es más importante hablar y hablar de cosas sin relación?

En las Democracias la participación tiene que ser MAYOR porque permite esa mayor participación de los ciudadanos en las decisiones. Una de las ventajas de la Democracia. Claro, si las personas no "participan" en las decisiones, nada de eso funciona y, empiezan los abusos. Está bien que no todas las personas quieran participar en la administración pública, pero si tienen que participar en su comportamiento social. Los colombianos creen que pueden vivir sin responsabilidades, no les interesa lo que sucede alrededor y, como siempre han pensado que no pueden influir en nada, han dejado de interesarse.

Si no consiguen lo que quieren, entonces se van para otro país. Desafortunadamente la clase dirigente colombiana hace rato que dejó de interesarse por solucionar problemas. Si, además, el resto de la gente tampoco se interesa porque "no puede hacer nada", imagínense entonces el "desorden" que resulta. La clase dirigente se ha beneficiado del crecimiento en el desarrollo económico, en formas que ni siquiera ellos se imaginaron les podía suceder. Lo que ahora están volviendo a hacer, como lo hicieron cuando el país tenía otro tipo de problemas, es organizarse con sus familias para vivir en otros países. Tan vivos e inteligentes ellos.

¿Pero, qué pasará con todas las demás personas, las clases económicas más bajas? ¿Ellos que se queden con todo el desorden que existe aquí? Adicionalmente, he llegado a la conclusión que a la clase dirigente ya no le interesa, a pesar de todas las mentiras que dicen, porque se dieron cuenta que así podían seguir delinquiendo, abusando y atropellado a los demás, mientras siguen viviendo en el país. Es que el dominio ejercido por el poder es muy importante.

Mi gran conflicto mental es no poder aceptar que la maldad de los demás no se pueda impedir o corregir. Como me he cansado de repetir, **el problema no son los problemas, el problema es que no se puedan corregir.**

Más allá de eso también es la indiferencia de los demás ante esos problemas que lastiman en materia grave a los demás. No tiene perdón que a nadie le interese este tipo de problemas. ¿Estoy equivocado en pensar así? ¿Se puede entonces decir que los colombianos sencillamente son todos CORRUPTOS?

Qué lástima y que desperdicio. No le interesa ni siquiera a los Abogados, Jueces, Magistrados y demás miembros del aparato judicial, que deben ser los primeros interesados en la defensa de la justicia. No les interesa porque todos se acomodaron, para poder seguir delinquiendo, igual que la gran mayoría del resto de personas, que permiten que eso suceda. De allí mi desprecio por los colombianos. No puede tener perdón tampoco que todos los idiotas que tienen que ver con ese tema no vean los problemas, ni sientan nada por todos los perjuicios que causan a los demás.

Me he dedicado a hacer todo lo que ha estado a mi alcance. a denunciar públicamente, con nombres propios a todos los corruptos que se han cruzado en mi vida. He demandado todos los fallos producidos por los Jueces corruptos y empleados públicos corruptos, acumulando pruebas que nunca sirvieron para nada. Por todo eso he llegado a la conclusión que la gran mayoría de colombianos son unos "arrodillados", "sometidos" y "acomplejados", que, toda su vida, han pensado que no pueden cambiar nada, o hacer nada, solo piensan en ellos mismos. No saben oír y cuando hablan solo se oyen a sí mismos. Egoístas y ególatras totales en el mal sentido de esas palabras. De pronto tantas décadas de opresión mental y económica los convirtió en eso.

Lo preocupante es que ahora que ya no tienen la opresión económica, no entienden que la convivencia en sociedad implica responsabilidades. Vivir en cualquier país implica responsabilidades y, una de ellas es interesarse por los problemas que los rodean.

Nunca aprendieron a pensar y la educación no está enseñando eso. Para solucionar los problemas, obviamente, es necesario entender cuál es la causa del problema. Hay que saber pensar para encontrar las soluciones y poder entender lo que se debe hacer para cuidar lo que se tiene. La educación es tan mediocre que nadie está aprendiendo nada sobre Desarrollo Económico y las universidades no se están interesando en enseñarlo. No han entendido que los problemas generalmente están relaciones con el de desarrollo económico. Ni siquiera es tan difícil afectar el desarrollo, porque en todos los entornos políticos y económicos existentes sobre la tierra son unas pocas personas, con relación a la totalidad de las poblaciones de cada país, las que tienen el poder de afectar lo que sucede.

¿Cuáles serán las consecuencias de "esperar" para ver quien tiene la razón, en la definición de las responsabilidades del Estado? No quiero imaginarme lo que puede suceder. No quiero imaginarme las consecuencias de la negociación de la PAZ, con todos los vacíos conceptuales existentes. Varios de los acuerdos que se están firmando con las FARC-EP están repitiendo los errores cometidos hace 50 años. ¿Quien tendrá la razón? La Policía y la Fuerzas Militares vuelven a verse involucrados en diferentes tipos de escándalos de indisciplina y corrupción después de varios años de tranquilidad en este sentido, muy seguramente por todo lo que observan que está sucediendo con el proceso de PAZ con las FARC-EP, que está socavando la moral de sus integrantes, incluidos los altos mandos.

Es muy complicada la discusión sobre la visión que tienen las guerrillas sobre lo que debe ser el "futuro" de la Policía y Fuerzas militares y, el mantenimiento de la SEGURIDAD en todo el país, después de firmados los "acuerdos". En mi opinión, todo eso va a tener unas "consecuencias" profundas en su funcionamiento adecuado. Son puntos de vista muy complicados de conciliar y las afirmaciones de los políticos tienen muy poca credibilidad.

Nadie sabe lo que va a resultar. Un motivo más de polarización. No se entiende la visión actual del Estado colombiano con lo que debe ser el mantenimiento de la SEGURIDAD interna y externa del país, la Administración de Justicia y la Legislación, necesarios para mantener los niveles actuales de Desarrollo Económico. Mucho menos lo que se debe buscar para lograr aumentos futuros en ese desarrollo.

La realidad de lo que está sucediendo en los últimos años en Colombia es que cuando ya el problema de seguridad causado por las bandas delincuenciales existente en el 2008 estaba muy "controlado", en diferentes formas, el Estado decide ponerse a negociar el famosísimo "proceso de PAZ". Mientras negocia la PAZ descuida la seguridad interna del país, entre otras razones por exigencia de las guerrillas, que en algún momento, hasta le piden la estupidez, que las Fuerzas Militares sean desarmadas.

Obviamente, eso no sucedió, porque es imposible, aun para el señor Santos. Sin embargo, las Fuerzas Militares vuelven a mostrar indicios de problemas que ya habían sido superados. La Policía tiene problemas graves de corrupción, que llevan a la renuncia de su Director. El Ejercito tienen problemas de caída de su moral. Con la negociación del "Proceso de Paz", todas sus incongruencias y todos sus vacíos, vuelven a surgir varias "bandas criminales" nuevas que, obviamente, reviven los delitos de narcotráfico, atracos y destrucción de infraestructura que ya estaban, más o menos, controlados. Vuelve a aparecer el fantasma de la SEGURIDAD.

No tiene mayor importancia profundizar más en análisis macro económicos, aunque presentaré un par de conclusiones, porque, cómo lo mencioné antes, seguimos en un momento "básico" del concepto de "desarrollo económico", a pesar del Ministro de Hacienda tan inteligente y famoso que tenemos. Los políticos siempre hacen referencia a la Democracia como si entendieran su significado. No lo entienden, ni saben cómo debe funcionar. <u>Mientras no se enfrente el problema de **administración de justicia** y, todas sus consecuencias en los conflictos sociales del país,</u> se va a perder el desarrollo económico conseguido en los últimos años, aunque la gente no lo crea.

Es muy difícil seguir hablando sobre los mismos conceptos. A manera de ejemplo, sobre la ignorancia y terquedad de la población en general sobre Economía, menciono los siguientes ejemplos:

1) Todos los expertos, políticos, los medios, y demás personas que se sienten con la "capacidad" de opinar, "afirman" hoy que las TASAS DE INTERÉS del BR SI afectan los costos financieros de la economía. En Colombia eso no es cierto, porque las tasas de todos los costos, de todas las operaciones financieras, que cobran las entidades financieras, no tienen nada que ver con las tasas de interés fijadas por el BR, que son tasas interbancarias.

Cuando existían 140 entidades financieras en los años 90's, tampoco sucedía, pero era más posible conseguir los servicios financieros deseados por los clientes. Hoy, con 10 entidades financieras eso es imposible, por la sencilla razón que las entidades financieras no están obligadas por el mercado a hacerlo. No existe la "competencia" necesaria.

2) Todos los expertos, políticos, los medios, y demás personas que se sienten con la "capacidad" de opinar, "creen" que el Estado utiliza "POLÍTICAS FISCALES" y "POLÍTICAS MONETARIAS" para estimular, o desestimular la economía. Eso en Colombia tampoco jamás ha sido así, salvo algunos casos muy puntuales en alguna política fiscal, en algún momento. Las llamadas "políticas fiscales" solo se han utilizado para definir los ingresos del Estado.

Las TASAS DE INTERÉS del BR que deberían definir "políticas monetarias" de estímulo a la actividad económica, jamás se han utilizado para eso, ni han tenido efectos en los costos financieros de la economía. El concepto solo funciona cuando existen miles de entidades financieras "compitiendo" por atender las necesidades de millones de clientes. La gente habla de cosas que no tienen ninguna relación con nada, como si fuera la explicación de diferentes cosas. En Colombia las tasas de interés del BR y las políticas fiscales y monetarias no significan nada. El trabajo de los Gerentes del BR no tiene nada que ver con la actividad económica de la economía. Todos los expertos, políticos, los medios, y demás personas que se sienten con la "capacidad" de opinar, "afirman" que el Estado puede y debe aumentar el empleo y crear empresas estatales para generar desarrollo económico. Todas esas personas piensan que el Estado produce DESARROLLO ECONÓMICO. Eso no es así, pero la gente todavía piensa que es así. Pura ignorancia económica, ignorancia sobre los más elementales conceptos de Economía, reflejo de la mediocre educación en esos temas.

3) Todos los expertos, políticos, los medios, y demás personas que se sienten con la "capacidad" de opinar, "afirman" hoy que la TASA DE CAMBIO del Dólar depende del precio del crudo. **Eso es falso**. No entiendo lo que el Estado colombiano está haciendo para causar la impresión que el comportamiento de la Tasa de Cambio depende del precio del crudo y, no de la Oferta y Demanda de las divisas.

No entiendo las ventajas de hacer eso, si es que lo pueden hacer. Sin entender cómo lo están haciendo, es imposible dar más opiniones en ese tema.

Cuando existe libertad cambiaria, en el corto plazo, la tasa de cambio depende del comportamiento de la Oferta y Demanda de las divisas. En el largo plazo, la tasa de cambio depende del comportamiento macro de la economía colombiana con relación a la Norte Americana. Sin embargo, es muy posible que el Ministerio de Hacienda haya "armado" un muñeco con el BR para que los ingresos del Estado se "mantengan", de acuerdo al comportamiento de los precios del crudo. Si los precios del crudo aumentan, la tasa de cambio baja y, viceversa. Como nadie sabe exactamente lo que sucede en este aspecto, es imposible dar más opiniones.

4) Todos los expertos, políticos, los medios, y demás personas que se sienten con la "capacidad" de opinar, "afirman" hoy que la caída en el % de CRECIMIENTO DEL PIB anual colombiano, se debe a la caída de los precios del crudo. **Eso es falso**. La caída en los precios del crudo disminuye los Ingresos del Estado, pero no necesariamente afecta el crecimiento de la economía. En la medida que los menores ingresos del Estado disminuyen sus inversiones en las obras de infraestructura, el crecimiento de la economía se puede ver afectada, según sea su influencia en esa actividad económica. Por otro lado, tampoco entiendo cómo los mamertos empleados públicos pueden hablar de crecimientos "positivos" de la economía, aunque pequeños, si el PIB ha bajado en los dos últimos años.

El crecimiento de la economía siempre depende del total de la actividad económica. Esa actividad económica depende del sector privado y la capacidad de la población de participar en esa actividad. Dicho eso, normalmente ningún país puede aspirar a crecer más de lo que están creciendo los países vecinos, a menos que encuentren la forma de aumentar la actividad económica necesaria para producir el desarrollo. Eso no está sucediendo en Colombia, en este momento, después del salto anterior. Los precios del crudo subirán y bajarán y, solo afectarán los ingresos del Estado.

5) La frase histórica del famosísimo Ministro de Hacienda qué **"si no se aprobaba la reforma fiscal, el país entraría en "recesión""**, tiene que ser la frase del siglo. **En primer lugar**, las reformas fiscales solo tienen que ver con los ingresos de "Estado".

Si no se aprobaba pues el Estado tendría menores ingresos, nada más. No tiene que ver con los niveles de desarrollo, exceptuando las obras de infraestructura, como ya mencioné. La participación de esas inversiones en el total de PIB y, su efecto, no es muy importante.

En segundo lugar, los mayores costos de financiación del endeudamiento del Estado solo afectan los egresos del Estado, no tiene nada que ver con los costos financieros para los particulares. **En tercer lugar**, la baja en la "calificación crediticia" del país, tampoco afecta en forma importante la actividad económica y, por lo tanto, los niveles de desarrollo de la economía. No entiendo si el estúpido realmente piensa que los niveles de desarrollo en las economías de mercado dependen de los presupuestos de gastos manejados por los Estados.

6) Todos los expertos, políticos, los medios, y demás personas que se sienten con la "capacidad" de opinar hablan permanentemente de conceptos cómo la COMPETITIVIDAD, sin tener ni idea del significado. No he conocido la primera persona que me diga la definición. Si la gente supiera la definición sabría que en Colombia no se puede utilizar ese concepto, por la sencilla razón que no se puede MEDIR, no se puede cuantificar. La única forma de cuantificarla es con el Costeo por Actividad. Las normas contables aprobadas por el Estado colombiano no permiten contabilidades de costos diferentes a la definida en su Código Contable.

Hace más de 20 años estudié en EEUU sobre el Costeo por Actividad en una empresa llamada ABC Technologies que fue la que desarrollo el concepto y ya llevaban unos años implementándola en empresas de EEUU. Posteriormente esa empresa es adquirida por una empresa de software que se llama SAP, que creo incorporó el concepto en sus softwares de sistemas de información. No sé si hoy existe alguna empresa en Colombia que esté costeando por Actividad, haya llegado a entender el concepto de COMPETITIVIDAD y lo esté utilizando en sus sistemas de información en la administración de esa empresa. Lo que si es cierto es que hace 30 años, cuando la gente en Colombia comenzó a hablar de ese concepto nadie sabía qué diablos estaba hablando.

Lo cierto también es que el código contable en Colombia solo se utiliza para efectos fiscales, no para diseñar mejores sistemas de información que permitan administrar mejor las empresas. No les voy a decir la definición. Si a alguien le interesa me tienen que contactar.

7) Lo mismo sucede con el concepto de **"Generación de Valor"**. La gente tampoco tiene idea del significado. Igualmente, la única forma de cuantificar el VALOR que se está generando es también es con el Costeo por Actividad.

Lo mismo sucede con el concepto de **"agregar valor"**. Todos los "empresarios colombianos siempre están hablando de agregar valor y, tampoco tienen idea del concepto. Para empezar, las empresas ni siquiera saben cuánto cuesta lo que hacen que no agrega valor. La única forma de cuantificar lo que no agrega valor, también es costeando por actividad y, eso no lo hacen las empresas en Colombia.

8) Cuando regresé a Colombia después de terminar la universidad, hace como 50 años me pasaba la vida "discutiendo" con todos los conocidos sobre Economía. En Colombia todo el mundo "sabe" de Economía, aunque no entienda nada y cuando hay que profundizar un poco, entonces ya no les interesa. En esa época todas las personas opinaban que el Estado tenía que proporcionarle todo a las personas. Nadie "pensaba" en las responsabilidades del Estado, ni sus "prioridades". En esa época el Estado estaba quebrado entonces jamás pudo hacer lo que las personas le pedían. Hoy, 50 años después, las "discusiones" siguen siendo igual de estúpidas. Las personas siguen pensando lo mismo. La gente es tan insensata, ignorante y terca que después que se produjo el "fenómeno" a mediados de los años 2000 todavía no creen que lo que sigue es cumplir con las **tres responsabilidades básicas** del Estado, antes que todo lo demás.

9) Si los mermelados entendieran esto, de pronto el Estado colombiano podría eliminar una cantidad de "dependencias" inútiles, no necesitar "reformas tributarias" y, que le quedara más dinero para inversiones en "infraestructura". Son tan estúpidos que no se dan cuenta si quiera, qué si administraran mejor el Estado, ellos serían los mayores beneficiados.

Adicionalmente, existen situaciones cómo, por ejemplo, el punto sobre el "desarrollo rural" del acuerdo firmado con las FARC-EP que es muy parecido a la famosa "reforma agraria" de hace 50 años, que jamás funcionó. Pero, más importante que eso, es la confusión generalizada sobre las responsabilidades del Estado y las del resto de la economía y, las "prioridades" que deben tener. ¿Donde están los economistas en Colombia? Que mediocridad de educación. ¿Los que estudian en otros países tampoco aprenden a "pensar"? ¿Por qué nadie cuestiona todas las babosadas que se hablan? ¿Por qué nadie las refuta? ¿Por qué nadie dice lo que debe ser? ¿Por qué las discusiones siempre son tan confusas, agresivas y polarizadas, en lugar de tranquilas, humanas y racionales? ¿Por qué nadie quiere enfrentar el problema de corrupción?

10) El cuadro No. 1 muestra que en los dos últimos años el PIB colombiano en USD$ decreció el 28%, cifra muy parecida a la devaluación del Peso del 26.9%. ¿Según el Estado, entonces si el Peso se devalúa, el PIB disminuye? Puede suceder, pero no necesariamente, porque el comportamiento del PIB depende la actividad económica total. Algún factor individual tiene efectos positivos, o negativos, pero no será el responsable del comportamiento total. El efecto de la devaluación puede estar contribuyendo al decrecimiento del PIB, o puede que no.

11) Le dicen a la gente que la política monetaria del BR determina los niveles de INFLACIÓN y, eso tampoco es así. Los que se suponen son conocedores del tema no deberían engañar a la gente con declaraciones innecesarias y estúpidas. Además de las afirmaciones anteriores, el señor Cárdenas, dice que su mayor preocupación de la economía colombiana es la INFLACIÓN. Desde hace muchos años, la INFLACIÓN no es problema en Colombia. Los Precios de las cosas dependen de la Oferta y Demanda. Cuando no existen desequilibrios importantes en ninguno de los dos, no hay problemas de inflación. En Colombia hubo épocas de inflaciones altas cuando el país tenía problemas con la Oferta, por diferentes razones. ¿Por qué creen que Venezuela tiene hoy inflaciones cercanas al 1.000%? Las Tasas de Interés del BR no afectan, ni la oferta, ni la demanda de los productos que se producen y se venden en la economía colombiana.

El efecto de los altos costos financieros ya está incorporado en los precios de la economía. Si mañana bajaran, pues, la demanda aumentaría. Si la oferta no aumentara para satisfacer la mayor demanda, los precios terminarían subiendo, produciendo INFLACIÓN. Esa es la forma como funciona.

12) El Cuadro No. 3 muestra que el IPC del 2016 está en menos de la mitad de la variación promedio de los últimos 37 años. El Cuadro No. 3 también muestra que el IPP del 2016 es el 47% menor que la variación promedio de los últimos 37 años. Otra cosa es que la economía Colombia ya asimiló las diferentes "ineficiencias", cómo los costos financieros, costos de transporte, o faltantes de infraestructura, que afectan la COMPETITIVIDAD de la economía colombiana, los cuales afectan los "costos de producción", en muchas formas diferentes, debido a la forma como el DANE calcula la inflación desde hace muchos años. De todas formas, aunque la economía haya "asimilado" esas ineficiencias, opere con ellos, no quiere decir que no se está afectando su COMPETITIVIDAD y capacidad de competir en el mundo. Los empleados públicos siempre tratan de despistar con declaraciones raras, según el momento.

13) El Estado tiene hoy el 62.3% del endeudamiento externo del país, el cual representa el 26% del PIB, como se muestra en los Cuadros No. 12 y 14. El crecimiento de ese endeudamiento es del 56.3% en los cinco últimos años, bastante mayor que el crecimiento del PIB que fue negativo en el 15% durante esos últimos cinco años. Adicionalmente, el Gasto Público está en el 20% del PIB, aumentando todos los años, mientras el crecimiento del PIB es negativo.

El déficit fiscal está aumentando como en USD$10 Billones cada año, los cuales van a resultar en más AUMENTOS DEL ENDEUDAMIENTO. En el 2016 aumenta como en USD$14 billones. Esta es la situación que realmente va a afectar la "calificación de riesgo" del Estado colombiano. El Estado tiene que corregir los saldos fiscales negativos. En otras palabras, tiene que disminuir el GASTO y comenzar a reducir el endeudamiento.

14) Si continúa deteriorándose la imagen del país por problemas de seguridad, podría dificultarse en el futuro la consecución de los nuevos endeudamientos, sobre todo a largo plazo, que probablemente se necesitarán por el tema del post-conflicto.

No se puede repetir la historia de las décadas pasadas, cuando el Estado estaba quebrado, por los niveles de endeudamiento que siempre trató de manejar, porque jamás podía bajar sus gastos de funcionamiento. Ahora que pretende hacer en poco tiempo todas las inversiones que nunca pudo hacer en toda su historia, porque no tenía los recursos, el peligro de desbordarse en su endeudamiento son mucho mayores. En el largo plazo, todo eso es mucho más peligroso, pues el Estado nunca se ha distinguido por su eficiencia y capacidad de administración. Los esfuerzos del histórico Ministro de Hacienda deberían concentrase, más bien, en encontrar y entender las causas de deterioro del PIB.

15) Los demás Cuadros muestran otras cifras pertinentes relacionadas con el estado general de la economía, para que cada uno saque sus propias conclusiones. Toda la información se muestra con cifras desde 1980, hasta el 2016. No me gusta hacer proyecciones macroeconómicas en Colombia. El Cuadro No. 2 muestra información sobre el comportamiento de la Devaluación. Los Cuadros No. 4 y 5 muestran el comportamiento de las Exportaciones de Café, Carbón y Petróleo, en volúmenes y Precios. Estos son los principales productos de exportación del Estado, que tienen el mayor impacto en sus Ingresos. Exceptuando el Café los volúmenes del Carbón y Petróleo se muestran desde el año 1990 y no desde el año 1980, porque antes no existían estadísticas importantes. Los Cuadros No. 6 y 7 muestran el comportamiento de la Situación Fiscal, o sea, el Gasto Público, con relación a los Ingresos Fiscales.

16) Los Cuadros No. 9, 10 y 11 muestran el comportamiento del Comercio Exterior, o sea, las Importaciones y Exportaciones. Los Cuadros No. 12, 13 y 14 muestran el comportamiento de la Deuda Externa, Pública y Privada. Los Cuadros No. 15 y 16 muestran el comportamiento de las Inversiones, Públicas y Privadas. El Cuadro No. 17 muestra el comportamiento del Desempleo. El Cuadro No. 18 muestra el comportamiento de las Tasas de Interés. Los Cuadros finales, del No. 19 hasta el No. 24 son resúmenes.

En mi opinión, la tendencia de las cifras en los dos-tres últimos años es negativa. No existe claridad sobre los endeudamientos futuros del Estado, necesarios para la financiación del post-conflicto. No existe tampoco mucha claridad sobre los efectos que puede tener la última reforma fiscal en la actividad económica y los efectos en el desarrollo económico. De todas formas, no parece que los efectos puedan ser positivos. Los argumentos del histórico Ministro de Hacienda sobre por qué deben ser positivos no son válidos, desde el punto de vista de la teoría económica. Habrá que esperar lo que sucederá en el año 2017 para sacar más conclusiones.

Es muy difícil no utilizar calificativos pellorativos al referirme a los "funcionarios" públicos, por toda la maldad que reparten por todas partes, sin ninguna contemplación, o consideración, por el sufrimiento que causan a las personas. Uno pensaría que tienen la responsabilidad de conocer los temas de los "trabajos" que esperan desempeñar, que entienden que son "servidores públicos", que sus sueldos los pagan las demás personas con sus impuestos. Si no son honestos, pues le corresponde al Estado administrar justicia. Cómo es posible que la única conclusión a la que se puede llegar es que la gran mayoría del sector público es corrupto, porque es a ellos los que les corresponde la administración de justicia. NO ES SUFICIENTE que las cabezas del sector público se den palmaditas permanentemente porque "persiguen" a unos pocos delincuentes. ¿Qué sucede con todas las demás personas que sufren todos los días las consecuencias de la indebida administración de justicia, la cual incluye la indebida "aplicación de las leyes"? En este libro incluyo EJEMPLOS CONCRETOS REALES DE TODO ESO. ¿Por qué no le importa a nadie? ¿Por qué no es posible establecer en la Academia la "discusión pública" de semejante problema? ¿Por qué el problema se reduce a no pertenecer a las ROSCAS DE PODER?

CUADRO No. 1

Año	Valor PIB en (MM US$)	Variación Anual PIB (%)	Variación Anual Acc. PIB	Variación Anual Acc. PIB	Crecimiento Real PIB (%)	Crecimiento Real Acc. PIB (%)	Población (Millones de Personas)	Ingreso Per Cápita (en US$)
1980	$ 31,009	0%	100.0%				26.5	$ 1,169
1981	$ 33,570	8%	108.3%				27.1	$ 1,239
1982	$ 35,524	6%	114.6%				27.7	$ 1,284
1983	$ 34,400	-3%	110.9%				28.3	$ 1,217
1984	$ 33,863	-2%	109.2%				28.9	$ 1,173
1985	$ 28,835	-15%	93.0%				29.5	$ 977
1986	$ 30,987	7%	99.9%				30.0	$ 1,033
1987	$ 33,457	8%	107.9%				30.6	$ 1,093
1988	$ 34,929	4%	112.6%				31.1	$ 1,123
1989	$ 34,861	0%	112.4%				31.7	$ 1,100
1990	$ 46,626	34%	150.4%	100.0%	4.3%	100.0%	35.0	$ 1,332
1991	$ 48,036	3%	154.9%	103.0%	2.0%	46.5%	35.7	$ 1,346
1992	$ 57,371	19%	185.0%	123.0%	4.0%	93.0%	36.4	$ 1,576
1993	$ 65,025	13%	209.7%	139.5%	5.4%	125.6%	37.1	$ 1,753
1994	$ 81,710	26%	263.5%	175.2%	5.8%	134.9%	37.8	$ 2,162
1995	$ 92,536	13%	298.4%	198.5%	5.2%	120.9%	38.5	$ 2,404
1996	$ 97,146	5%	313.3%	208.4%	2.1%	48.8%	39.3	$ 2,472
1997	$ 106,761	10%	344.3%	229.0%	3.4%	79.1%	40.1	$ 2,662
1998	$ 98,474	-8%	317.6%	211.2%	0.5%	11.6%	40.2	$ 2,450
1999	$ 86,214	-12%	278.0%	184.9%	-4.2%	-97.7%	40.3	$ 2,139
2000	$ 83,803	-3%	270.3%	179.7%	2.9%	67.4%	40.4	$ 2,074
2001	$ 81,990	-2%	264.4%	175.8%	1.4%	32.6%	40.5	$ 2,024
2002	$ 81,561	-1%	263.0%	174.9%	1.6%	37.2%	40.6	$ 2,009
2003	$ 78,706	-4%	253.8%	168.8%	3.7%	86.0%	40.7	$ 1,934
2004	$ 94,834	20%	305.8%	203.4%	3.9%	90.7%	40.8	$ 2,324
2005	$ 146,556	55%	472.6%	314.3%	4.7%	109.3%	41.7	$ 3,515
2006	$ 162,807	11%	525.0%	349.2%	6.7%	155.8%	42.3	$ 3,849
2007	$ 207,446	27%	669.0%	444.9%	6.9%	160.5%	43.3	$ 4,791
2008	$ 244,678	18%	789.1%	524.8%	3.5%	81.4%	44.1	$ 5,548
2009	$ 234,066	-4%	754.8%	502.0%	1.7%	39.5%	44.9	$ 5,213
2010	$ 287,104	23%	925.9%	615.8%	4.0%	93.0%	45.5	$ 6,310
2011	$ 335,489	17%	1081.9%	719.5%	6.6%	153.5%	46.0	$ 7,293
2012	$ 370,463	10%	1194.7%	794.5%	4.0%	93.0%	46.6	$ 7,950
2013	$ 380,410	3%	1226.8%	815.9%	4.9%	114.0%	47.1	$ 8,077
2014	$ 378,564	0%	1220.8%	811.9%	4.4%	102.3%	47.7	$ 7,936
2015	$ 292,086	-23%	941.9%	626.4%	3.1%	72.1%	48.2	$ 6,060
2016	$ 277,571	-5%	895.1%	595.3%	2.1%	48.8%	48.7	$ 5,694

Promedio   7.0% $3,089

Fuente: Banco República y DANE

CUADRO No. 2

Año	Tasa de Cambio Promedio	Tasa de Cambio Final de Año	Variación Anual Tasa	Variación Acumulada Devaluación	Variación Acumulada Devaluación	Paridad Real Tasa de Cambio
1980		$ 51	0.0%	100%		73.1%
1981	$ 55	$ 59	16.0%	116%		70.7%
1982	$ 65	$ 70	19.0%	138%		65.6%
1983	$ 80	$ 89	26.3%	174%		67.3%
1984	$ 101	$ 114	28.3%	224%		71.9%
1985	$ 143	$ 172	51.2%	338%		92.4%
1986	$ 196	$ 219	27.2%	430%		100.0%
1987	$ 241	$ 264	20.4%	518%		99.7%
1988	$ 300	$ 336	27.3%	660%		97.7%
1989	$ 385	$ 434	29.2%	852%		104.9%
1990	$ 501	$ 569	31.1%	1117%	100%	114.8%
1991	$ 601	$ 632	11.2%	1242%	111%	113.0%
1992	$ 685	$ 738	16.7%	1449%	130%	106.7%
1993	$ 771	$ 804	9.0%	1580%	141%	107.5%
1994	$ 818	$ 831	3.3%	1633%	146%	100.0%
1995	$ 909	$ 988	18.8%	1940%	174%	102.8%
1996	$ 996	$ 1,005	1.8%	1974%	177%	98.9%
1997	$ 1,149	$ 1,294	28.7%	2540%	227%	93.1%
1998	$ 1,418	$ 1,542	19.2%	3028%	271%	98.1%
1999	$ 1,708	$ 1,874	21.5%	3680%	329%	108.2%
2000	$ 2,051	$ 2,229	19.0%	4377%	392%	115.1%
2001	$ 2,260	$ 2,291	2.8%	4499%	403%	118.0%
2002	$ 2,578	$ 2,865	25.1%	5626%	504%	118.7%
2003	$ 2,822	$ 2,778	-3.0%	5456%	488%	135.9%
2004	$ 2,584	$ 2,390	-14.0%	4693%	420%	127.3%
2005	$ 2,337	$ 2,284	-4.4%	4485%	402%	118.6%
2006	$ 2,261	$ 2,239	-2.0%	4397%	394%	122.4%
2007	$ 2,127	$ 2,015	-10.0%	3957%	354%	115.9%
2008	$ 2,129	$ 2,244	11.4%	4407%	395%	116.4%
2009	$ 2,144	$ 2,044	-8.9%	4014%	359%	121.8%
2010	$ 1,979	$ 1,914	-6.4%	3759%	337%	99.1%
2011	$ 1,929	$ 1,943	-1.5%	3816%	342%	98.6%
2012	$ 1,856	$ 1,768	-9.0%	3472%	311%	95.8%
2013	$ 1,848	$ 1,927	9.0%	3784%	339%	100.6%
2014	$ 2,160	$ 2,392	24.1%	4698%	421%	102.4%
2015	$ 2,771	$ 3,149	31.6%	6184%	554%	129.9%
2016	$ 3,076	$ 3,002	-4.7%	5896%	528%	138.1%

Promedio   12.6%

Fuente: Banco República y DANE

CUADRO No. 3

Año	Variación Anual IPC	Variación Anual Acc. IPC	Variación Anual Acc. IPC	Variación Anual IPP	Variación Anual Acc. IPP	Variación Anual Acc. IPP
1980	25.9%	100.0%		24.4%	100.0%	
1981	26.4%	101.9%		25.2%	103.3%	
1982	24.4%	94.2%		29.5%	120.9%	
1983	16.5%	63.7%		25.6%	104.9%	
1984	18.3%	70.7%		29.9%	122.5%	
1985	24.8%	95.8%		23.1%	94.7%	
1986	21.6%	83.4%		17.9%	73.4%	
1987	24.0%	92.7%		13.2%	54.1%	
1988	28.1%	108.5%		20.7%	84.8%	
1989	26.1%	100.8%		15.4%	63.1%	
1990	32.4%	125.1%	100.0%	14.5%	59.4%	100.0%
1991	26.8%	103.5%	82.7%	17.5%	71.7%	120.7%
1992	25.2%	97.3%	77.8%	18.0%	73.8%	124.1%
1993	22.6%	87.3%	69.8%	15.0%	61.5%	103.4%
1994	22.6%	87.3%	69.8%	12.0%	49.2%	82.8%
1995	19.5%	75.3%	60.2%	12.0%	49.2%	82.8%
1996	21.6%	83.4%	66.7%	10.0%	41.0%	69.0%
1997	17.7%	68.3%	54.6%	10.0%	41.0%	69.0%
1998	16.7%	64.5%	51.5%	13.5%	55.3%	93.1%
1999	9.2%	35.6%	28.5%	12.7%	52.0%	87.6%
2000	8.8%	34.0%	27.2%	11.0%	45.1%	75.9%
2001	7.7%	29.7%	23.8%	6.9%	28.3%	47.6%
2002	7.0%	27.0%	21.6%	9.3%	38.1%	64.1%
2003	6.5%	25.1%	20.1%	5.7%	23.4%	39.3%
2004	5.5%	21.2%	17.0%	4.6%	18.9%	31.7%
2005	4.9%	18.9%	15.1%	2.1%	8.6%	14.5%
2006	4.5%	17.4%	13.9%	5.5%	22.5%	37.9%
2007	5.7%	22.0%	17.6%	1.3%	5.3%	9.0%
2008	7.7%	29.7%	23.8%	9.0%	36.9%	62.1%
2009	2.0%	7.7%	6.2%	-2.2%	-9.0%	-15.2%
2010	3.2%	12.4%	9.9%	4.4%	18.0%	30.3%
2011	3.7%	14.3%	11.4%	5.2%	21.3%	35.9%
2012	2.4%	9.3%	7.4%	-3.0%	-12.3%	-20.7%
2013	1.9%	7.3%	5.9%	-0.5%	-2.0%	-3.4%
2014	3.3%	12.7%	10.2%	5.2%	21.3%	35.9%
2015	6.8%	26.3%	21.0%	9.6%	39.3%	66.2%
2016	6.6%	25.5%	20.4%	6.3%	25.8%	43.4%
Promedio	14.6%		25.2%	11.9%		40.2%

Fuente: Banco República y DANE

114

CUADRO No. 4

Año	Café (US$/Saco)	Volúmenes (MM de Sacos)	Petroleo (US$/Barril)	Volúmenes (000 BB/Día)	Carbon (US$/Ton.)	Volúmenes (MM/Ton.)
1980	$ 97					
1981	$ 71					
1982	$ 80					
1983	$ 74					
1984	$ 80					
1985	$ 81		$ 26.7			
1986	$ 122					
1987	$ 68					
1988	$ 79		$ 13.5		$ 28.2	
1989	$ 67		$ 17.6		$ 37.6	
1990	$ 80		$ 22.4		$ 38.5	
1991	$ 81	12.6	$ 17.9	60,840	$ 40.1	15.7
1992	$ 68	16.5	$ 17.8	61,920	$ 37.8	14.7
1993	$ 74	13.5	$ 16.2	63,360	$ 34.2	16.6
1994	$ 134	11.8	$ 17.3	57,600	$ 33.0	16.8
1995	$ 163	9.8	$ 17.4	99,000	$ 33.4	18.8
1996	$ 121	10.1	$ 21.0	115,920	$ 34.5	22.3
1997	$ 159	10.9	$ 17.8	123,120	$ 34.0	26.7
1998	$ 131	11.1	$ 12.6	143,280	$ 32.0	28.0
1999	$ 119	10.0	$ 17.7	181,440	$ 30.9	30.6
2000	$ 102	9.2	$ 28.8	132,480	$ 26.7	32.3
2001	$ 72	10.0	$ 23.8	108,360	$ 29.9	39.4
2002	$ 68	10.3	$ 24.2	106,920	$ 29.5	33.6
2003	$ 71	10.2	$ 29.0	85,320	$ 28.2	51.0
2004	$ 86	10.2	$ 35.3	81,360	$ 35.8	51.4
2005	$ 116	10.5	$ 59.0	213,000	$ 47.9	54.3
2006	$ 117	10.4	$ 69.0	211,000	$ 47.8	60.9
2007	$ 133	10.6	$ 82.0	212,000	$ 50.4	69.3
2008	$ 144	9.9	$ 90.2	292,000	$ 79.4	63.5
2009	$ 177	7.6	$ 56.6	386,000	$ 78.9	68.7
2010	$ 210	6.8	$ 73.1	508,000	$ 83.3	72.2
2011	$ 280	7.2	$ 99.3	654,000	$ 103.3	81.2
2012	$ 220	6.6	$ 104.2	703,000	$ 100.8	77.4
2013	$ 157	9.1	$ 100.3	753,000	$ 87.3	76.7
2014	$ 191	10.3	$ 88.7	775,000	$ 76.4	89.1
2015	$ 166	11.9	$ 46.8	748,000	$ 61.1	74.7
2016	$ 142	11.2	$ 50.0	680,000	$ 54.6	83.9

Fuente: Banco República y DANE

CUADRO No. 5

Año	Café Valor en MM US$	Petroleo Valor en MM US$	Carbon Valor en MM US$	Totales en MM US$
1980				
1981				
1982				
1983				
1984				
1985				
1986				
1987				
1988				
1989				
1990				
1991	$ 1,021	$ 1,089	$ 630	$ 2,739
1992	$ 1,122	$ 1,102	$ 556	$ 2,780
1993	$ 999	$ 1,026	$ 568	$ 2,593
1994	$ 1,581	$ 996	$ 554	$ 3,132
1995	$ 1,597	$ 1,723	$ 628	$ 3,948
1996	$ 1,222	$ 2,434	$ 769	$ 4,426
1997	$ 1,733	$ 2,192	$ 908	$ 4,832
1998	$ 1,454	$ 1,805	$ 896	$ 4,155
1999	$ 1,190	$ 3,211	$ 946	$ 5,347
2000	$ 938	$ 3,815	$ 862	$ 5,616
2001	$ 720	$ 2,579	$ 1,178	$ 4,477
2002	$ 700	$ 2,587	$ 991	$ 4,279
2003	$ 724	$ 2,474	$ 1,438	$ 4,637
2004	$ 877	$ 2,872	$ 1,840	$ 5,589
2005	$ 1,218	$ 12,567	$ 2,601	$ 16,386
2006	$ 1,217	$ 14,559	$ 2,911	$ 18,687
2007	$ 1,410	$ 17,384	$ 3,493	$ 22,287
2008	$ 1,426	$ 26,338	$ 5,042	$ 32,806
2009	$ 1,345	$ 21,848	$ 5,420	$ 28,613
2010	$ 1,428	$ 37,135	$ 6,014	$ 44,577
2011	$ 2,016	$ 64,942	$ 8,388	$ 75,346
2012	$ 1,452	$ 73,253	$ 7,802	$ 82,507
2013	$ 1,429	$ 75,526	$ 6,696	$ 83,651
2014	$ 1,967	$ 68,743	$ 6,807	$ 77,517
2015	$ 1,975	$ 35,006	$ 4,564	$ 41,546
2016	$ 1,590	$ 34,000	$ 4,581	$ 40,171

Fuente: Banco República y DANE

CUADRO No. 6

Año	Gasto Público (MM US$)	Gasto Público (% PIB)
1980	$ 3,845	12%
1981	$ 4,465	13%
1982	$ 4,725	13%
1983	$ 4,541	13%
1984	$ 4,741	14%
1985	$ 3,950	14%
1986	$ 4,307	14%
1987	$ 4,517	14%
1988	$ 4,925	14%
1989	$ 5,264	15%
1990	$ 7,833	17%
1991	$ 8,646	18%
1992	$ 10,614	19%
1993	$ 12,485	19%
1994	$ 14,218	17%
1995	$ 18,970	21%
1996	$ 20,789	21%
1997	$ 23,274	22%
1998	$ 22,551	23%
1999	$ 21,122	25%
2000	$ 19,778	24%
2001	$ 20,416	25%
2002	$ 20,798	26%
2003	$ 19,991	25%
2004	$ 24,088	25%
2005	$ 30,923	21%
2006	$ 34,027	21%
2007	$ 43,149	21%
2008	$ 39,883	16%
2009	$ 38,153	16%
2010	$ 47,659	17%
2011	$ 54,349	16%
2012	$ 61,126	17%
2013	$ 62,768	17%
2014	$ 63,599	17%
2015	$ 49,655	17%
2016	$ 54,621	20%

Promedio $24,075   18.3%
Fuente: Banco República y DANE

CUADRO No. 7

Saldo Fiscal Anual (MM US$)	Variación Acc. Saldo Fiscal (MM US$)	Variación Acc. Saldo Fiscal (MM US$)
-$ 62	-$ 62	
-$ 34	-$ 96	
-$ 213	-$ 309	
-$ 310	-$ 618	
-$ 474	-$ 1,092	
-$ 58	-$ 1,150	
$ 93	-$ 1,057	
$ 67	-$ 990	
$ 105	-$ 885	
-$ 139	-$ 1,025	
-$ 560	-$ 1,584	-$ 560
$ 24	-$ 1,560	-$ 535
-$ 861	-$ 2,421	-$ 1,396
-$ 585	-$ 3,006	-$ 1,981
$ 735	-$ 2,271	-$ 1,246
-$ 2,498	-$ 4,769	-$ 3,744
-$ 4,469	-$ 9,238	-$ 8,213
-$ 6,726	-$ 15,964	-$ 14,939
-$ 9,060	-$ 25,023	-$ 23,999
-$ 10,949	-$ 35,973	-$ 34,948
-$ 7,375	-$ 43,347	-$ 42,322
-$ 7,707	-$ 51,054	-$ 50,030
-$ 8,401	-$ 59,455	-$ 58,430
-$ 6,375	-$ 65,830	-$ 64,806
-$ 7,113	-$ 72,943	-$ 71,918
-$ 6,155	-$ 79,098	-$ 78,073
-$ 5,047	-$ 84,145	-$ 83,120
-$ 5,808	-$ 89,954	-$ 88,929
-$ 4,160	-$ 94,113	-$ 93,088
-$ 9,597	-$ 103,710	-$ 102,685
-$ 11,197	-$ 114,907	-$ 113,882
-$ 9,394	-$ 124,301	-$ 123,276
-$ 8,521	-$ 132,821	-$ 131,797
-$ 8,749	-$ 141,571	-$ 140,546
-$ 9,086	-$ 150,656	-$ 149,632
-$ 9,931	-$ 160,587	-$ 159,562
-$ 13,601	-$ 174,188	-$ 173,163

Fuente: Banco República y DANE

CUADRO No. 8

Año	Saldo Fiscal Anual (% PIB)	Variación Anual Saldo Fiscal (% PIB)	Variación Acc. Saldo Fiscal (% PIB)	Variación Acc. Saldo Fiscal (% PIB)
1980	-0.2%	0.0%	100%	
1981	-0.1%	54.1%	54%	
1982	-0.6%	223.0%	344%	
1983	-0.9%	100.3%	499%	
1984	-1.4%	76.7%	764%	
1985	-0.2%	5.3%	93%	
1986	0.3%	-8.1%	-150%	
1987	0.2%	-6.3%	-108%	
1988	0.3%	-10.6%	-169%	
1989	-0.4%	15.7%	225%	
1990	-1.2%	54.6%	902%	100%
1991	0.1%	-1.5%	-39%	-4%
1992	-1.5%	55.2%	1388%	154%
1993	-0.9%	24.2%	944%	105%
1994	0.9%	-24.5%	-1186%	-131%
1995	-2.7%	110.0%	4029%	447%
1996	-4.6%	93.7%	7206%	799%
1997	-6.3%	72.8%	10845%	1202%
1998	-9.2%	56.8%	14608%	1619%
1999	-12.7%	43.8%	17655%	1957%
2000	-8.8%	20.5%	11891%	1318%
2001	-9.4%	17.8%	12427%	1377%
2002	-10.3%	16.5%	13546%	1501%
2003	-8.1%	10.7%	10280%	1139%
2004	-7.5%	10.8%	11469%	1271%
2005	-4.2%	8.4%	9925%	1100%
2006	-3.1%	6.4%	8138%	902%
2007	-2.8%	6.9%	9366%	1038%
2008	-1.7%	4.6%	6707%	743%
2009	-4.1%	10.2%	15474%	1715%
2010	-3.9%	10.8%	18055%	2001%
2011	-2.8%	8.2%	15147%	1679%
2012	-2.3%	6.9%	13739%	1523%
2013	-2.3%	6.6%	14108%	1564%
2014	-2.4%	6.4%	14650%	1624%
2015	-3.4%	6.6%	16013%	1775%
2016	-4.9%	8.5%	21931%	2431%

Fuente: Banco República y DANE

CUADRO No. 9

Año	Valor Importaciones (MM US$)	Valor Exportaciones (MM US$)	Balanza Comercial (MM US$)
1980	$ 4,663	$ 4,255	-$ 408
1981	$ 5,199	$ 3,195	-$ 2,004
1982	$ 5,478	$ 3,264	-$ 2,214
1983	$ 4,968	$ 3,258	-$ 1,710
1984	$ 4,492	$ 3,728	-$ 764
1985	$ 4,131	$ 3,917	-$ 214
1986	$ 3,852	$ 5,467	$ 1,615
1987	$ 4,228	$ 5,409	$ 1,181
1988	$ 5,005	$ 5,439	$ 434
1989	$ 5,010	$ 6,105	$ 1,095
1990	$ 5,108	$ 7,079	$ 1,971
1991	$ 4,548	$ 7,507	$ 2,959
1992	$ 6,019	$ 7,263	$ 1,244
1993	$ 9,086	$ 7,429	-$ 1,657
1994	$ 11,080	$ 8,751	-$ 2,329
1995	$ 12,923	$ 10,223	-$ 2,700
1996	$ 12,794	$ 10,477	-$ 2,317
1997	$ 14,409	$ 11,681	-$ 2,728
1998	$ 14,006	$ 11,456	-$ 2,550
1999	$ 10,263	$ 12,030	$ 1,767
2000	$ 11,090	$ 13,714	$ 2,624
2001	$ 12,269	$ 12,832	$ 563
2002	$ 12,077	$ 12,310	$ 233
2003	$ 13,258	$ 13,523	$ 265
2004	$ 15,910	$ 16,266	$ 356
2005	$ 19,798	$ 21,190	$ 1,392
2006	$ 24,859	$ 25,181	$ 322
2007	$ 31,172	$ 30,579	-$ 593
2008	$ 37,856	$ 38,832	$ 976
2009	$ 31,479	$ 34,024	$ 2,545
2010	$ 38,537	$ 40,777	$ 2,240
2011	$ 52,214	$ 58,321	$ 6,107
2012	$ 56,702	$ 61,446	$ 4,744
2013	$ 57,101	$ 60,281	$ 3,180
2014	$ 61,553	$ 56,923	-$ 4,630
2015	$ 52,151	$ 38,125	-$ 14,026
2016	$ 40,834	$ 34,445	-$ 6,389

Promedio   **$19,355**   **$19,100**   **-$255**

Fuente: Banco República y DANE

CUADRO No. 10

Año	Balanza Comercial Acc. (MM US$)	Balanza Comercial Acc. (MM US$)	Variación Anual Balanza Comercial (%)	Variación Acc. Balanza Comercial (%)	Variación Acc. Balanza Comercial (%)
1980	-$ 408		0%	100%	
1981	-$ 2,412		-391%	-491%	
1982	-$ 4,626		-10%	-543%	
1983	-$ 6,336		23%	-419%	
1984	-$ 7,100		55%	-187%	
1985	-$ 7,314		72%	-52%	
1986	-$ 5,699		855%	396%	
1987	-$ 4,518		-27%	289%	
1988	-$ 4,084		-63%	106%	
1989	-$ 2,989		152%	268%	
1990	-$ 1,018	$ 1,971	80%	483%	100%
1991	$ 1,941	$ 4,930	50%	725%	-150%
1992	$ 3,185	$ 6,174	-58%	305%	-63%
1993	$ 1,528	$ 4,517	-233%	-406%	84%
1994	-$ 801	$ 2,188	-41%	-571%	118%
1995	-$ 3,501	-$ 512	-16%	-662%	137%
1996	-$ 5,818	-$ 2,829	14%	-568%	118%
1997	-$ 8,546	-$ 5,557	-18%	-669%	138%
1998	-$ 11,096	-$ 8,107	7%	-625%	129%
1999	-$ 9,329	-$ 6,340	169%	433%	-90%
2000	-$ 6,705	-$ 3,716	49%	643%	-133%
2001	-$ 6,142	-$ 3,153	-79%	138%	-29%
2002	-$ 5,909	-$ 2,920	-59%	57%	-12%
2003	-$ 5,644	-$ 2,655	14%	65%	-13%
2004	-$ 5,288	-$ 2,299	34%	87%	-18%
2005	-$ 3,896	-$ 907	291%	341%	-71%
2006	-$ 3,574	-$ 585	-77%	79%	-16%
2007	-$ 4,167	-$ 1,178	-284%	-145%	30%
2008	-$ 3,191	-$ 202	-265%	239%	-50%
2009	-$ 646	$ 2,343	161%	624%	-129%
2010	$ 1,594	$ 4,583	-12%	549%	-114%
2011	$ 7,701	$ 10,690	173%	1497%	-310%
2012	$ 12,445	$ 15,434	-22%	1163%	-241%
2013	$ 15,625	$ 18,614	-33%	779%	-161%
2014	$ 10,995	$ 13,984	-246%	-1135%	235%
2015	-$ 3,031	-$ 42	203%	-3438%	712%
2016	-$ 9,420	-$ 6,431	-54%	-1566%	324%

Fuente: Banco República y DANE

CUADRO No. 11

Año	Balanza Comercial (% PIB)	Variación Acc. Balanza (% PIB)	Variación Acc. Balanza (% PIB)	Valor Reservas Netas (MM US$)	% Reservas Sobre Deuda Externa
1980	-1.3%	100%		$ 5,416	82.0%
1981	-6.0%	-454%		$ 5,630	69.5%
1982	-6.2%	-474%		$ 4,891	51.3%
1983	-5.0%	-378%		$ 3,079	29.4%
1984	-2.3%	-171%		$ 1,796	15.8%
1985	-0.7%	-56%		$ 2,067	15.9%
1986	5.2%	396%		$ 3,478	22.5%
1987	3.5%	268%		$ 3,450	20.4%
1988	1.2%	94%		$ 3,810	22.2%
1989	3.1%	239%		$ 3,867	23.1%
1990	4.2%	321%	100%	$ 4,501	25.0%
1991	6.2%	468%	-146%	$ 6,420	37.0%
1992	2.2%	165%	-51%	$ 7,713	44.6%
1993	-2.5%	-194%	60%	$ 7,869	41.7%
1994	-2.9%	-217%	67%	$ 8,095	37.0%
1995	-2.9%	-222%	69%	$ 8,446	32.4%
1996	-2.4%	-181%	56%	$ 9,993	32.4%
1997	-2.6%	-194%	60%	$ 9,905	29.1%
1998	-2.6%	-197%	61%	$ 8,740	23.9%
1999	2.0%	156%	-48%	$ 8,101	22.1%
2000	3.1%	238%	-74%	$ 9,004	24.9%
2001	0.7%	52%	-16%	$ 10,192	26.1%
2002	0.3%	22%	-7%	$ 10,840	29.0%
2003	0.3%	26%	-8%	$ 10,916	28.7%
2004	0.4%	29%	-9%	$ 13,535	34.3%
2005	0.9%	72%	-22%	$ 14,947	38.8%
2006	0.2%	15%	-5%	$ 15,435	38.5%
2007	-0.3%	-22%	7%	$ 20,949	47.0%
2008	0.4%	30%	-9%	$ 23,979	51.7%
2009	1.1%	83%	-26%	$ 25,356	47.2%
2010	0.8%	59%	-18%	$ 28,542	44.1%
2011	1.8%	138%	-43%	$ 32,300	42.7%
2012	1.3%	97%	-30%	$ 37,467	47.6%
2013	0.8%	64%	-20%	$ 43,633	47.4%
2014	-1.2%	-93%	29%	$ 47,323	46.7%
2015	-4.8%	-365%	114%	$ 46,731	42.3%
2016	-2.3%	-175%	54%	$ 47,270	40.7%
Promedio	-0.2%	-7.0%	3.9%	$ 15,019	23.9%

Fuente: Banco República y DANE

CUADRO No. 12

Año	Deuda Pública Externa (MM US$)	Variación Anual (%)	Deuda Pública Externa (% PIB)	Variación Acc. Deuda Externa (%)	Variación Acc. Deuda Externa (%)
1980	$ 4,324	0.0%	13.9%	100%	
1981	$ 5,232	21.0%	15.6%	121%	
1982	$ 6,078	16.2%	17.1%	141%	
1983	$ 6,876	13.1%	20.0%	159%	
1984	$ 7,849	14.2%	23.2%	182%	
1985	$ 9,595	22.2%	33.3%	222%	
1986	$ 12,463	29.9%	40.2%	288%	
1987	$ 13,842	11.1%	41.4%	320%	
1988	$ 13,823	-0.1%	39.6%	320%	
1989	$ 13,835	0.1%	39.7%	320%	
1990	$ 15,472	11.8%	33.2%	358%	100%
1991	$ 15,171	-1.9%	31.6%	351%	98%
1992	$ 14,416	-5.0%	25.1%	333%	93%
1993	$ 14,253	-1.1%	21.9%	330%	92%
1994	$ 14,718	3.3%	18.0%	340%	95%
1995	$ 15,541	5.6%	16.8%	359%	100%
1996	$ 16,249	4.6%	16.7%	376%	105%
1997	$ 16,453	1.3%	15.4%	381%	106%
1998	$ 18,964	15.3%	19.3%	439%	123%
1999	$ 20,200	6.5%	23.4%	467%	131%
2000	$ 20,609	2.0%	24.6%	477%	133%
2001	$ 23,467	13.9%	28.6%	543%	152%
2002	$ 22,782	-2.9%	27.9%	527%	147%
2003	$ 24,527	7.7%	31.2%	567%	159%
2004	$ 25,779	5.1%	27.2%	596%	167%
2005	$ 24,189	-6.2%	16.5%	559%	156%
2006	$ 26,299	8.7%	16.2%	608%	170%
2007	$ 28,819	9.6%	13.9%	666%	186%
2008	$ 29,447	2.2%	12.0%	681%	190%
2009	$ 37,129	26.1%	15.9%	859%	240%
2010	$ 39,546	6.5%	13.8%	915%	256%
2011	$ 42,434	7.3%	12.6%	981%	274%
2012	$ 46,065	8.6%	12.4%	1065%	298%
2013	$ 52,117	13.1%	13.7%	1205%	337%
2014	$ 59,730	14.6%	15.8%	1381%	386%
2015	$ 66,234	10.9%	22.7%	1532%	428%
2016	$ 72,271	9.1%	26.0%	1671%	467%

Promedio   **$24,238**   **8.2%**   **22.6%**

Fuente: Banco República y DANE

CUADRO No. 13

Año	Deuda Privada Externa (MM US$)	Variación Anual (%)	Deuda Privada Externa (% PIB)	Variación Acc. Deuda Externa (%)	Variación Acc. Deuda Externa (%)
1980	$ 2,277	0.0%	7.3%	100%	
1981	$ 2,873	26.2%	8.6%	126%	
1982	$ 3,454	20.2%	9.7%	152%	
1983	$ 3,603	4.3%	10.5%	158%	
1984	$ 3,535	-1.9%	10.4%	155%	
1985	$ 3,415	-3.4%	11.8%	150%	
1986	$ 2,989	-12.5%	9.6%	131%	
1987	$ 3,100	3.7%	9.3%	136%	
1988	$ 3,348	8.0%	9.6%	147%	
1989	$ 2,936	-12.3%	8.4%	129%	
1990	$ 2,522	-14.1%	5.4%	111%	100%
1991	$ 2,165	-14.2%	4.5%	95%	86%
1992	$ 2,862	32.2%	5.0%	126%	113%
1993	$ 4,633	61.9%	7.1%	203%	184%
1994	$ 7,158	54.5%	8.8%	314%	284%
1995	$ 10,492	46.6%	11.3%	461%	416%
1996	$ 14,630	39.4%	15.1%	643%	580%
1997	$ 17,593	20.3%	16.5%	773%	698%
1998	$ 17,642	0.3%	17.9%	775%	700%
1999	$ 16,466	-6.7%	19.1%	723%	653%
2000	$ 15,521	-5.7%	18.5%	682%	615%
2001	$ 15,641	0.8%	19.1%	687%	620%
2002	$ 14,555	-6.9%	17.8%	639%	577%
2003	$ 13,538	-7.0%	17.2%	595%	537%
2004	$ 13,676	1.0%	14.4%	601%	542%
2005	$ 14,317	4.7%	9.8%	629%	568%
2006	$ 13,804	-3.6%	8.5%	606%	547%
2007	$ 15,734	14.0%	7.6%	691%	624%
2008	$ 16,921	7.5%	6.9%	743%	671%
2009	$ 16,590	-2.0%	7.1%	729%	658%
2010	$ 25,192	51.9%	8.8%	1106%	999%
2011	$ 33,134	31.5%	9.9%	1455%	1314%
2012	$ 32,699	-1.3%	8.8%	1436%	1297%
2013	$ 39,856	21.9%	10.5%	1750%	1580%
2014	$ 41,637	4.5%	11.0%	1829%	1651%
2015	$ 44,314	6.4%	15.2%	1946%	1757%
2016	$ 43,753	-1.3%	15.8%	1922%	1735%

Promedio   **$14,556**   **10.0%**   **11.2%**

Fuente: Banco República y DANE

CUADRO No. 14

Año	Total Deuda Externa (MM US$)	Variación Anual (%)	Variación Total Acc. Deuda Externa (%)	Variación Total Acc. Deuda Externa (%)	Total Deuda Externa (%) PIB
1980	$ 6,601	0.0%	100%		21.3%
1981	$ 8,105	22.8%	123%		24.1%
1982	$ 9,532	17.6%	144%		26.8%
1983	$ 10,479	9.9%	159%		30.5%
1984	$ 11,384	8.6%	172%		33.6%
1985	$ 13,010	14.3%	197%		45.1%
1986	$ 15,452	18.8%	234%		49.9%
1987	$ 16,942	9.6%	257%		50.6%
1988	$ 17,171	1.4%	260%		49.2%
1989	$ 16,771	-2.3%	254%		48.1%
1990	$ 17,994	7.3%	273%	100%	38.6%
1991	$ 17,336	-3.7%	263%	96%	36.1%
1992	$ 17,278	-0.3%	262%	96%	30.1%
1993	$ 18,886	9.3%	286%	105%	29.0%
1994	$ 21,876	15.8%	331%	122%	26.8%
1995	$ 26,033	19.0%	394%	145%	28.1%
1996	$ 30,879	18.6%	468%	172%	31.8%
1997	$ 34,046	10.3%	516%	189%	31.9%
1998	$ 36,606	7.5%	555%	203%	37.2%
1999	$ 36,666	0.2%	555%	204%	42.5%
2000	$ 36,130	-1.5%	547%	201%	43.1%
2001	$ 39,108	8.2%	592%	217%	47.7%
2002	$ 37,337	-4.5%	566%	207%	45.8%
2003	$ 38,065	1.9%	577%	212%	48.4%
2004	$ 39,455	3.7%	598%	219%	41.6%
2005	$ 38,506	-2.4%	583%	214%	26.3%
2006	$ 40,103	4.1%	608%	223%	24.6%
2007	$ 44,553	11.1%	675%	248%	21.5%
2008	$ 46,368	4.1%	702%	258%	19.0%
2009	$ 53,719	15.9%	814%	299%	23.0%
2010	$ 64,738	20.5%	981%	360%	22.5%
2011	$ 75,568	16.7%	1145%	420%	22.5%
2012	$ 78,764	4.2%	1193%	438%	21.3%
2013	$ 91,973	16.8%	1393%	511%	24.2%
2014	$ 101,367	10.2%	1536%	563%	26.8%
2015	$ 110,548	9.1%	1675%	614%	37.8%
2016	$ 116,024	5.0%	1758%	645%	41.8%

Promedio $38,794   8.3%   33.8%

Fuente: Banco República y DANE

CUADRO No. 15

Año	Inversión Pública (MM $US)	Inversión Pública (% PIB)	Inversión Privada (MM $US)	Inversión Privada (% PIB)	Inversión Total (MM $US)	Inversión Total (% PIB)
1980	$ 2,698	8.7%	$ 3,411	11.0%	$ 6,109	19.7%
1981	$ 2,921	8.7%	$ 3,693	11.0%	$ 6,613	19.7%
1982	$ 3,091	8.7%	$ 3,908	11.0%	$ 6,998	19.7%
1983	$ 2,993	8.7%	$ 3,784	11.0%	$ 6,777	19.7%
1984	$ 2,946	8.7%	$ 3,725	11.0%	$ 6,671	19.7%
1985	$ 1,239	4.3%	$ 1,016	3.5%	$ 2,255	7.8%
1986	$ 697	2.2%	$ 562	1.8%	$ 1,259	4.1%
1987	$ 1,135	3.4%	$ 287	0.9%	$ 1,422	4.2%
1988	$ 1,349	3.9%	$ 158	0.5%	$ 1,507	4.3%
1989	$ 1,481	4.2%	$ 547	1.6%	$ 2,028	5.8%
1990	$ 3,264	7.0%	$ 4,989	10.7%	$ 8,253	17.7%
1991	$ 2,450	5.1%	$ 3,747	7.8%	$ 6,197	12.9%
1992	$ 3,614	6.3%	$ 4,418	7.7%	$ 8,032	14.0%
1993	$ 4,422	6.8%	$ 7,283	11.2%	$ 11,705	18.0%
1994	$ 6,700	8.2%	$ 12,338	15.1%	$ 19,038	23.3%
1995	$ 8,328	9.0%	$ 12,307	13.3%	$ 20,636	22.3%
1996	$ 8,743	9.0%	$ 12,143	12.5%	$ 20,886	21.5%
1997	$ 10,463	9.8%	$ 11,317	10.6%	$ 21,779	20.4%
1998	$ 8,075	8.2%	$ 9,650	9.8%	$ 17,725	18.0%
1999	$ 7,242	8.4%	$ 4,914	5.7%	$ 12,156	14.1%
2000	$ 6,453	7.7%	$ 6,704	8.0%	$ 13,157	15.7%
2001	$ 6,723	8.2%	$ 6,969	8.5%	$ 13,692	16.7%
2002	$ 5,946	7.3%	$ 8,482	10.4%	$ 14,428	17.7%
2003	$ 6,060	7.7%	$ 10,704	13.6%	$ 16,764	21.3%
2004	$ 7,302	7.7%	$ 14,889	15.7%	$ 22,191	23.4%
2005	$ 12,018	8.2%	$ 24,475	16.7%	$ 36,492	24.9%
2006	$ 13,676	8.4%	$ 26,212	16.1%	$ 39,888	24.5%
2007	$ 20,122	9.7%	$ 25,931	12.5%	$ 46,053	22.2%
2008	$ 25,202	10.3%	$ 28,627	11.7%	$ 53,829	22.0%
2009	$ 24,811	10.6%	$ 30,663	13.1%	$ 55,474	23.7%
2010	$ 30,720	10.7%	$ 39,620	13.8%	$ 70,340	24.5%
2011	$ 34,220	10.2%	$ 58,040	17.3%	$ 92,259	27.5%
2012	$ 38,899	10.5%	$ 63,720	17.2%	$ 102,618	27.7%
2013	$ 39,563	10.4%	$ 66,572	17.5%	$ 106,134	27.9%
2014	$ 40,506	10.7%	$ 73,063	19.3%	$ 113,569	30.0%
2015	$ 30,961	10.6%	$ 56,665	19.4%	$ 87,626	30.0%
2016	$ 28,312	10.2%	$ 50,795	18.3%	$ 79,108	28.5%
Promedio	$12,307	8.1%	$18,820	11.3%	$ 31,126	19.3%

Fuente: Banco República y DANE

CUADRO No. 16

Año	Variación Anual Inversiones (%)	Variación Accumulada Inversiones (%)	Variación Accumulada Inversiones (%)	Inversión menos Importaciones (MM $US)
1980	0.0%	100%		$ 1,446
1981	8.3%	108%		$ 1,414
1982	5.8%	115%		$ 1,520
1983	-3.2%	111%		$ 1,809
1984	-1.6%	109%		$ 2,179
1985	-66.2%	37%		-$ 1,876
1986	-44.2%	21%		-$ 2,593
1987	13.0%	23%		-$ 2,806
1988	6.0%	25%		-$ 3,498
1989	34.6%	33%		-$ 2,982
1990	306.9%	135%	100%	$ 3,145
1991	-24.9%	101%	75%	$ 1,649
1992	29.6%	131%	97%	$ 2,013
1993	45.7%	192%	142%	$ 2,619
1994	62.7%	312%	231%	$ 7,958
1995	8.4%	338%	250%	$ 7,713
1996	1.2%	342%	253%	$ 8,092
1997	4.3%	357%	264%	$ 7,370
1998	-18.6%	290%	215%	$ 3,719
1999	-31.4%	199%	147%	$ 1,893
2000	8.2%	215%	159%	$ 2,067
2001	4.1%	224%	166%	$ 1,423
2002	5.4%	236%	175%	$ 2,351
2003	16.2%	274%	203%	$ 3,506
2004	32.4%	363%	269%	$ 6,281
2005	64.4%	597%	442%	$ 16,694
2006	9.3%	653%	483%	$ 15,029
2007	15.5%	754%	558%	$ 14,881
2008	16.9%	881%	652%	$ 15,973
2009	3.1%	908%	672%	$ 23,995
2010	26.8%	1151%	852%	$ 31,803
2011	31.2%	1510%	1118%	$ 40,045
2012	11.2%	1680%	1243%	$ 45,916
2013	3.4%	1737%	1286%	$ 49,033
2014	7.0%	1859%	1376%	$ 52,016
2015	-22.8%	1434%	1062%	$ 35,475
2016	-9.7%	1295%	959%	$ 38,274

Promedio   **15.1%**

Fuente: Banco República y DANE

CUADRO No. 17

Año	Tasa Final Año	Población MM de Personas	MM de Desempleados
1980	9.6%	26.5	2.5
1981	8.9%	27.1	2.4
1982	9.3%	27.7	2.6
1983	10.9%	28.3	3.1
1984	13.1%	28.9	3.8
1985	13.8%	29.5	4.1
1986	13.8%	30.0	4.1
1987	13.5%	30.6	4.1
1988	12.8%	31.1	4.0
1989	11.0%	31.7	3.5
1990	13.3%	35.0	4.7
1991	13.3%	35.7	4.7
1992	13.3%	36.4	4.8
1993	8.7%	37.1	3.2
1994	8.8%	37.8	3.3
1995	8.8%	38.5	3.4
1996	11.3%	39.3	4.4
1997	12.6%	40.1	5.1
1998	15.3%	40.2	6.2
1999	18.1%	40.3	7.3
2000	16.2%	40.4	6.5
2001	15.0%	40.5	6.1
2002	15.5%	40.6	6.3
2003	14.2%	40.7	5.8
2004	13.6%	40.8	5.5
2005	11.8%	41.7	4.9
2006	12.0%	42.3	5.1
2007	11.2%	43.3	4.8
2008	11.3%	44.1	5.0
2009	12.0%	44.9	5.4
2010	11.8%	45.5	5.4
2011	10.8%	46.0	5.0
2012	10.4%	46.6	4.8
2013	9.6%	47.1	4.5
2014	9.4%	47.7	4.5
2015	9.8%	48.2	4.7
2016	10.4%	48.7	5.1

Promedio   12.0%   4.6

Fuente: Banco República y DANE

CUADRO No. 18

Año	Tasa Nominal Promedio Colocación	Tasa Real Promedio Colocación	Aumento Acc. Tasa Real Colocación	Tasa Nominal Promedio Captación	Tasa Real Promedio Captación	Aumento Acc. Tasa Real Captación	Márgen de Intermediación
1980	36.6%						
1981	38.6%						
1982	35.9%						
1983	34.4%						
1984	34.5%						
1985	36.5%						
1986	33.5%						
1987	35.1%						
1988	32.1%						
1989	34.6%						
1990	45.2%	16.0%	100%				
1991	46.2%	16.6%	102%	37.9%	8.3%	100%	21.3%
1992	37.0%	11.0%	82%	26.3%	3.0%	69%	15.3%
1993	35.8%	12.0%	79%	25.7%	1.9%	68%	13.7%
1994	40.5%	17.9%	90%	29.4%	6.8%	78%	11.5%
1995	42.8%	21.9%	95%	32.3%	11.4%	85%	10.4%
1996	41.9%	21.1%	93%	31.1%	10.3%	82%	10.0%
1997	34.2%	15.7%	76%	24.1%	5.6%	64%	8.4%
1998	44.5%	25.8%	98%	32.6%	13.9%	86%	6.8%
1999	28.7%	17.8%	63%	21.6%	10.7%	57%	3.8%
2000	18.8%	9.6%	42%	12.1%	2.9%	32%	2.5%
2001	20.5%	12.5%	45%	12.5%	4.5%	33%	0.0%
2002	16.2%	9.9%	36%	8.9%	2.6%	23%	-1.0%
2003	15.2%	8.4%	34%	7.8%	1.1%	21%	-0.6%
2004	15.1%	9.1%	33%	7.8%	1.8%	21%	-1.3%
2005	13.3%	8.2%	29%	7.0%	2.0%	18%	-1.2%
2006	13.0%	8.7%	29%	6.3%	2.0%	17%	-2.4%
2007	16.6%	11.1%	37%	8.1%	2.6%	21%	-3.0%
2008	17.7%	10.7%	39%	9.8%	2.8%	26%	-0.9%
2009	13.0%	8.8%	29%	6.4%	2.1%	17%	-2.4%
2010	9.4%	7.1%	21%	3.7%	1.4%	10%	-3.4%
2011	11.2%	7.8%	25%	4.1%	0.7%	11%	-3.7%
2012	12.6%	9.4%	28%	5.3%	2.2%	14%	-4.1%
2013	10.8%	8.6%	24%	4.2%	2.1%	11%	-4.4%
2014	10.7%	8.1%	24%	4.0%	1.4%	11%	-4.1%
2015	11.3%	6.3%	25%	4.6%	-0.5%	12%	-1.7%
2016	14.3%	7.6%	32%	7.2%	0.5%	19%	-0.4%

(1) Total Sistema
Fuente: Banco República y DANE

CUADRO No. 19

Año	Aumento Acumulado Devaluación	Aumento Acumulado IPC	Aumento Acumulado IPP
1980	100%	100.0%	100.0%
1981	216%	101.9%	103.3%
1982	354%	94.2%	120.9%
1983	528%	63.7%	104.9%
1984	752%	70.7%	122.5%
1985	1090%	95.8%	94.7%
1986	1521%	83.4%	73.4%
1987	2038%	92.7%	54.1%
1988	2698%	108.5%	84.8%
1989	3550%	100.8%	63.1%
1990	4667%	125.1%	59.4%
1991	5909%	103.5%	71.7%
1992	7358%	97.3%	73.8%
1993	8938%	87.3%	61.5%
1994	10570%	87.3%	49.2%
1995	12510%	75.3%	49.2%
1996	14484%	83.4%	41.0%
1997	17025%	68.3%	41.0%
1998	20053%	64.5%	55.3%
1999	23733%	35.6%	52.0%
2000	28111%	34.0%	45.1%
2001	32610%	29.7%	28.3%
2002	38236%	27.0%	38.1%
2003	43692%	25.1%	23.4%
2004	48385%	21.2%	18.9%
2005	52871%	18.9%	8.6%
2006	57268%	17.4%	22.5%
2007	61225%	22.0%	5.3%
2008	65632%	29.7%	36.9%
2009	69646%	7.7%	-9.0%
2010	73405%	12.4%	18.0%
2011	77220%	14.3%	21.3%
2012	80692%	9.3%	-12.3%
2013	84477%	7.3%	-2.0%
2014	89174%	12.7%	21.3%
2015	95359%	26.3%	39.3%
2016	101254%	25.5%	25.8%

Fuente: Banco República y DANE

CUADRO No. 20

Año	Valor PIB (MM US$)	Saldo Fiscal Acumulado (MM US$)	Balanza Comercial Acc. (MM US$)	Saldo Deuda Externa (MM US$)	Inversión Total (MM $US)
1980	$ 31,009	-$ 62	-$ 408	$ 6,601	$ 6,109
1981	$ 33,570	-$ 96	-$ 2,412	$ 8,105	$ 6,613
1982	$ 35,524	-$ 309	-$ 4,626	$ 9,532	$ 6,998
1983	$ 34,400	-$ 618	-$ 6,336	$ 10,479	$ 6,777
1984	$ 33,863	-$ 1,092	-$ 7,100	$ 11,384	$ 6,671
1985	$ 28,835	-$ 1,150	-$ 7,314	$ 13,010	$ 2,255
1986	$ 30,987	-$ 1,057	-$ 5,699	$ 15,452	$ 1,259
1987	$ 33,457	-$ 990	-$ 4,518	$ 16,942	$ 1,422
1988	$ 34,929	-$ 885	-$ 4,084	$ 17,171	$ 1,507
1989	$ 34,861	-$ 1,025	-$ 2,989	$ 16,771	$ 2,028
1990	$ 46,626	-$ 1,584	-$ 1,018	$ 17,994	$ 8,253
1991	$ 48,036	-$ 1,560	$ 1,941	$ 17,336	$ 6,197
1992	$ 57,371	-$ 2,421	$ 3,185	$ 17,278	$ 8,032
1993	$ 65,025	-$ 3,006	$ 1,528	$ 18,886	$ 11,705
1994	$ 81,710	-$ 2,271	-$ 801	$ 21,876	$ 19,038
1995	$ 92,536	-$ 4,769	-$ 3,501	$ 26,033	$ 20,636
1996	$ 97,146	-$ 9,238	-$ 5,818	$ 30,879	$ 20,886
1997	$ 106,761	-$ 15,964	-$ 8,546	$ 34,046	$ 21,779
1998	$ 98,474	-$ 25,023	-$ 11,096	$ 36,606	$ 17,725
1999	$ 86,214	-$ 35,973	-$ 9,329	$ 36,666	$ 12,156
2000	$ 83,803	-$ 43,347	-$ 6,705	$ 36,130	$ 13,157
2001	$ 81,990	-$ 51,054	-$ 6,142	$ 39,108	$ 13,692
2002	$ 81,561	-$ 59,455	-$ 5,909	$ 37,337	$ 14,428
2003	$ 78,706	-$ 65,830	-$ 5,644	$ 38,065	$ 16,764
2004	$ 94,834	-$ 72,943	-$ 5,288	$ 39,455	$ 22,191
2005	$ 146,556	-$ 79,098	-$ 3,896	$ 38,506	$ 36,492
2006	$ 162,807	-$ 84,145	-$ 3,574	$ 40,103	$ 39,888
2007	$ 207,446	-$ 89,954	-$ 4,167	$ 44,553	$ 46,053
2008	$ 244,678	-$ 94,113	-$ 3,191	$ 46,368	$ 53,829
2009	$ 234,066	-$ 103,710	-$ 646	$ 53,719	$ 55,474
2010	$ 287,104	-$ 114,907	$ 1,594	$ 64,738	$ 70,340
2011	$ 335,489	-$ 124,301	$ 7,701	$ 75,568	$ 92,259
2012	$ 370,463	-$ 132,821	$ 12,445	$ 78,764	$ 102,618
2013	$ 380,410	-$ 141,571	$ 15,625	$ 91,973	$ 106,134
2014	$ 378,564	-$ 150,656	$ 10,995	$ 101,367	$ 113,569
2015	$ 292,086	-$ 160,587	-$ 3,031	$ 110,548	$ 87,626
2016	$ 277,571	-$ 174,188	-$ 9,420	$ 116,024	$ 79,108

Fuente: Banco República y DANE

CUADRO No. 21

Año	Aumento Acumulado PIB	Aumento Acumulado Saldo Fiscal (%)	Aumento Acc. Balanza Comercial (%)	Aumento Acc. Deuda Externa (%)	Crecimiento Acumulado Inversiones (%)
1980	100%	-100%	-100%	-100%	100%
1981	108%	-154%	-591%	-123%	108%
1982	115%	-498%	-1134%	-144%	115%
1983	111%	-997%	-1553%	-159%	111%
1984	109%	-1761%	-1740%	-172%	109%
1985	93%	-1854%	-1793%	-197%	37%
1986	100%	-1705%	-1397%	-234%	21%
1987	108%	-1597%	-1107%	-257%	23%
1988	113%	-1428%	-1001%	-260%	25%
1989	112%	-1653%	-733%	-254%	33%
1990	150%	-2555%	-250%	-273%	135%
1991	155%	-2516%	476%	-263%	101%
1992	185%	-3904%	781%	-262%	131%
1993	210%	-4847%	375%	-286%	192%
1994	264%	-3661%	-196%	-331%	312%
1995	298%	-7690%	-858%	-394%	338%
1996	313%	-14896%	-1426%	-468%	342%
1997	344%	-25741%	-2095%	-516%	357%
1998	318%	-40349%	-2720%	-555%	290%
1999	278%	-58004%	-2287%	-555%	199%
2000	270%	-69895%	-1643%	-547%	215%
2001	264%	-82322%	-1505%	-592%	224%
2002	263%	-95868%	-1448%	-566%	236%
2003	254%	-106147%	-1383%	-577%	274%
2004	306%	-117616%	-1296%	-598%	363%
2005	473%	-127541%	-955%	-583%	597%
2006	525%	-135679%	-876%	-608%	653%
2007	669%	-145045%	-1021%	-675%	754%
2008	789%	-151752%	-782%	-702%	881%
2009	755%	-167226%	-158%	-814%	908%
2010	926%	-185280%	391%	-981%	1151%
2011	1082%	-200427%	1888%	-1145%	1510%
2012	1195%	-214166%	3050%	-1193%	1680%
2013	1227%	-228274%	3830%	-1393%	1737%
2014	1221%	-242924%	2695%	-1536%	1859%
2015	942%	-258937%	-743%	-1675%	1434%
2016	895%	-280867%	-2309%	-1758%	1295%

Fuente: Banco República y DANE

CUADRO No. 22

Año	Aumento Acumulado Devaluación	Aumento Acumulado Inflación
1990	100.0%	100.0%
1991	82.7%	120.7%
1992	77.8%	124.1%
1993	69.8%	103.4%
1994	69.8%	82.8%
1995	60.2%	82.8%
1996	66.7%	69.0%
1997	54.6%	69.0%
1998	51.5%	93.1%
1999	28.5%	87.6%
2000	27.2%	75.9%
2001	23.8%	47.6%
2002	21.6%	64.1%
2003	20.1%	39.3%
2004	17.0%	31.7%
2005	15.1%	14.5%
2006	13.9%	37.9%
2007	17.6%	9.0%
2008	23.8%	62.1%
2009	6.2%	-15.2%
2010	9.9%	30.3%
2011	11.4%	35.9%
2012	7.4%	-20.7%
2013	5.9%	-3.4%
2014	10.2%	35.9%
2015	21.0%	66.2%
2016	20.4%	43.4%

Fuente: Banco República y DANE

CUADRO No. 23

Año	Valor PIB (MM de US$)	Saldo Fiscal Acumulado (MM US$)	Balanza Comercial Acc. (MM US$)	Saldo Deuda Externa (MM US$)	Inversión Total (MM $US)
1990	$ 46,626	-$ 1,584	-$ 1,018	$ 17,994	$ 8,253
1991	$ 48,036	-$ 1,560	$ 1,941	$ 17,336	$ 6,197
1992	$ 57,371	-$ 2,421	$ 3,185	$ 17,278	$ 8,032
1993	$ 65,025	-$ 3,006	$ 1,528	$ 18,886	$ 11,705
1994	$ 81,710	-$ 2,271	-$ 801	$ 21,876	$ 19,038
1995	$ 92,536	-$ 4,769	-$ 3,501	$ 26,033	$ 20,636
1996	$ 97,146	-$ 9,238	-$ 5,818	$ 30,879	$ 20,886
1997	$ 106,761	-$ 15,964	-$ 8,546	$ 34,046	$ 21,779
1998	$ 98,474	-$ 25,023	-$ 11,096	$ 36,606	$ 17,725
1999	$ 86,214	-$ 35,973	-$ 9,329	$ 36,666	$ 12,156
2000	$ 83,803	-$ 43,347	-$ 6,705	$ 36,130	$ 13,157
2001	$ 81,990	-$ 51,054	-$ 6,142	$ 39,108	$ 13,692
2002	$ 81,561	-$ 59,455	-$ 5,909	$ 37,337	$ 14,428
2003	$ 78,478	-$ 65,830	-$ 5,644	$ 38,065	$ 16,764
2004	$ 94,540	-$ 72,943	-$ 5,288	$ 39,455	$ 22,191
2005	$ 146,556	-$ 79,098	-$ 3,896	$ 38,506	$ 36,492
2006	$ 162,807	-$ 84,145	-$ 3,574	$ 40,103	$ 39,888
2007	$ 207,446	-$ 89,954	-$ 4,167	$ 44,553	$ 46,053
2008	$ 244,678	-$ 94,113	-$ 3,191	$ 46,368	$ 53,829
2009	$ 234,066	-$ 103,710	-$ 646	$ 53,719	$ 55,474
2010	$ 287,104	-$ 114,907	$ 1,594	$ 64,738	$ 70,340
2011	$ 335,489	-$ 124,301	$ 7,701	$ 75,568	$ 92,259
2012	$ 370,463	-$ 132,821	$ 12,445	$ 78,764	$ 102,618
2013	$ 380,410	-$ 141,571	$ 15,625	$ 91,973	$ 106,134
2014	$ 378,564	-$ 150,656	$ 10,995	$ 101,367	$ 113,569
2015	$ 292,086	-$ 160,587	-$ 3,031	$ 110,548	$ 87,626
2016	$ 277,571	-$ 174,188	-$ 9,420	$ 116,024	$ 79,108

Fuente: Banco República y DANE

CUADRO No. 24

Año	Aumento Acumulado PIB	Aumento Acumulado Saldo Fiscal (%)	Aumento Acc. Balanza Comercial (%)	Aumento Acc. Deuda Externa (%)	Crecimiento Acumulado Inversiones (%)
1990	100%	100%	100%	100%	100%
1991	103%	98%	-191%	96%	75%
1992	123%	153%	-313%	96%	97%
1993	139%	190%	-150%	105%	142%
1994	175%	143%	79%	122%	231%
1995	198%	301%	344%	145%	250%
1996	208%	583%	572%	172%	253%
1997	229%	1008%	839%	189%	264%
1998	211%	1579%	1090%	203%	215%
1999	185%	2270%	916%	204%	147%
2000	180%	2736%	659%	201%	159%
2001	176%	3222%	603%	217%	166%
2002	175%	3753%	580%	207%	175%
2003	168%	4155%	554%	212%	203%
2004	203%	4604%	519%	219%	269%
2005	314%	4992%	383%	214%	442%
2006	349%	5311%	351%	223%	483%
2007	445%	5678%	409%	248%	558%
2008	525%	5940%	313%	258%	652%
2009	502%	6546%	63%	299%	672%
2010	616%	7253%	-157%	360%	852%
2011	720%	7845%	-756%	420%	1118%
2012	795%	8383%	-1222%	438%	1243%
2013	816%	8935%	-1535%	511%	1286%
2014	812%	9509%	-1080%	563%	1376%
2015	626%	10136%	298%	614%	1062%
2016	595%	10994%	925%	645%	959%

Fuente: Banco República y DANE

Los políticos tienen que dejar de mentirle a la gente sobre lo que es importante en los diferentes temas. Una cosa son los INGRESOS del Estado y lo que debe hacer para mantenerlos y, otra son los conceptos macro-económicos y lo que se requiere para lograr desarrollo. Una cosa es la necesidad de la siguiente reforma tributaria y lo que la gente pueda pensar sobre eso. Está muy mal mentir sobre las consecuencias de no hacer otra reforma. Por ejemplo, que si no se hace habría una "recesión económica", como sucedió con la última. Otra cosa son las afirmaciones sobre diferentes conceptos económicos. Por ejemplo, todos los "expertos" que aparecen hablan sobre los problemas de "desigualdad" de la población, que Colombia es el quinto país del mundo con mayor "desigualdad". No puedo entender la habladuría sobre diferentes problemas, sin que nadie se ponga a PENSAR sobre la forma de solucionarlos, y, que nadie aplique los diferentes conceptos en la forma correcta.

Aparte de alguna mención aislada por ahí, nadie jamás cuestiona el despilfarro en el gasto público, ni lo que se pierde en corrupción cuando se analiza la siguiente reforma tributaria. La ignorancia es total, pero los empleados públicos aumentan la confusión con sus mentiras. No creo que esas mentiras sean de "buena fe". Por otro lado, los objetivos económicos jamás se pueden conseguir, si las prioridades no están adecuadamente definidas. La "igualdad social" no se puede conseguir como **primera prioridad**. Es necesario conseguir unos determinados niveles de desarrollo primero. Si la economía no está allí, no tiene sentido hablar de eso, solo añade a la confusión, no conduce a nada y solo es un desperdicio de energía, y/o recursos, como ocurre con mucha frecuencia. En el libro se ha aclarado cuáles deben ser las prioridades para el nivel de desarrollo que tenemos. ¿Cómo puede el mejor Ministro de Economía hablar tanta pendejada, decir tantas mentiras? ¿Es que ese es realmente el nivel de sus conocimientos de Economía? ¿Cómo es que nadie habla de esto?

El deterioro en el nivel de desarrollo de los dos últimos años es muy preocupante. En esos dos años el PIB ha disminuido el 27%, el ingreso promedio per cápita ha disminuido el 28%, muy parecido. Esas disminuciones no se deben a la caída del precio del crudo. Se deben a la caída en los niveles de actividad económica. En esos dos años la balanza comercial ha disminuido en USD$20.415MM, correspondiente al 7% del PIB. El total de la deuda externa del país está en USD$116.024MM, correspondiente al 42% del PIB.

El aumento en los dos últimos años ha correspondido al 15% del PIB. La deuda externa del sector público está en el 26% del PIB y la del sector privado está en el 16% del PIB. Por otro lado, la inversión pública está en el 10% del PIB y, la privada en el 18% del PIB. Si eso se compara con los endeudamientos del sector público y privado, se puede observar que **los aumentos han correspondido al sector público**. No es exactamente un "buen manejo" del sector público.

Nadie ha creído mis afirmaciones que "lo que se ha conseguido se puede perder". Pues, parece que está sucediendo. ¿Será que el país puede sobrevivir a todas las confusiones que se vienen con la implementación del post-conflicto y las "negociaciones" que faltan con otros grupos de la guerrilla? Lo que está mal no es que la PAZ se negocie, el problema es que los conflictos, incluyendo los armados, no se van a solucionar, con las prioridades que se han definido y establecido. Los cambios requeridos en las condiciones económicas necesarias para producir aumentos importantes en los niveles de actividad económica y, por lo tanto, en los niveles de desarrollo van a ser diferentes a los sucedidos en los aumentos de los 10 últimos años.

Ahora se requiere el manejo adecuado de la administración de justicia que mejoren las eficiencias del sector público (disminuyendo la corrupción y el desperdicio) y, promuevan aumentos adicionales importantes en los niveles de inversión privada y actividad económica que produzca desarrollo.

El Estado no puede continuar diciéndole a todos que el desarrollo económico depende de la última, o siguientes, reformas fiscales. El Estado tiene que solucionar sus problemas de déficits fiscales, sus niveles de endeudamiento y, los niveles de corrupción de toda la actividad económica. Sin enfrentar el problema de administración de justicia, NO se podrán conseguir mejores niveles de desarrollo. Todo esto significa que el Estado tendrá que utilizar sus recursos, primero, en mantener la "seguridad" en niveles adecuados y, corregir los problemas existentes con toda la administración de justicia. Los problemas existentes en las cárceles del país y, la falta de recursos en el desarrollo de todos los procesos judiciales, para reducir los niveles de corrupción se tienen que enfrentar. No hacerlo va a impedir que se consigan los niveles de inversión necesarios.

¿Por qué piensan los empleados públicos que todas las empresas privadas que han logrado niveles importantes de desarrollo tecnológico y, administración y ventas, ahora solo piensan en buscar crecimientos adicionales en sus ventas en OTROS PAÍSES? Esto, si quiera sin pensar en los efectos que puede tener la última reforma fiscal en sus decisiones de negocios. La forma como tomen esas decisiones va a determinar los efectos reales que van a existir sobre toda la actividad económica del país. ¿Por ejemplo, se le pueden pedir a las empresas del sector privado que piensen en crecer en ventas en Colombia, con los deterioros existentes en los ingresos de las personas y, los efectos que todo eso tiene en el comportamiento de la demanda de sus productos? Ni siquiera están pensando en hacer las inversiones en Colombia y, exportar a los otros países, desde acá. Qué ignorancia y terquedad sobre el "funcionamiento" de las democracias y las economías de mercado. Qué ignorancia y terquedad sobre la gravedad de los problemas de corrupción. Entonces resulta que lo importante es "perseguir" a las empresas por evasión de impuestos.

Que ignorancia y terquedad la del Estado en ENTENDER que jamás va a tener "logros" importantes en todas las demás responsabilidades que se quiere imponer, como la educación, o la salud, sin antes utilizar todos los recursos que se necesiten, en seguridad y administración de justicia. ¿Por qué será que nada de lo que tratan de hacer en salud y educación les funciona, como dicen que quieren? Todas las personas se quejan permanentemente de esos servicios. ¿Por qué será que existen la cantidad de reclamos actuales sobre los pagos de pensiones, o cobros de impuestos prediales? ¿Por qué será que existen la cantidad de "conflictos sociales" que hay, en todas las actividades que afectan la vida diaria de todas las personas? No existe nada que no produzca algún tipo de conflicto. Encima de todo eso, los empleados públicos y "expertos" se ponen a hablar de problemas como la "desigualdad social", existente en la sociedad colombiana y, piensan que esos problemas los pueden solucionar, en este momento.

Existe un punto muy "complicado" relacionado con "teoría macro-económica", sobre el cual, de pronto, vale la pena hacer algunas aclaraciones. La gran mayoría de economistas colombianos opinan que todos los temas relacionados con "reformas tributarias" constituyen **"políticas fiscales"** porque afectan el "medio circulante" y, por lo tanto, tienen efectos en la actividad económica y el desarrollo.

Piensan que una reforma tributaria disminuye el consumo, y, por lo tanto, afecta la actividad económica, porque contrae el medio circulante. En mi opinión, eso es algo que el Estado colombiano siempre ha hecho para aumentar sus ingresos, pero no es algo que hace para desacelerar la economía, aunque ese sea el efecto. En mi opinión, esa no es la definición del concepto de **"política fiscal".** Es muy difícil estar de acuerdo en la verdadera "definición económica del concepto".

Pueden existir "estímulos" a la actividad económica, por medio de beneficios fiscales, pero eso muy rara vez ha sido utilizado por el Estado colombiano en ese sentido, como lo dije antes. En mi opinión, la verdadera "definición económica del concepto" consiste en que las **"políticas fiscales"** sean aplicadas sistemáticamente para acelerar o desacelerar la actividad económica, no cómo han sido utilizadas históricamente, solo para aumentar los ingresos del Estado. Mejor dicho, la forma cómo se ha utilizado siempre, ha desvirtuado la definición económica del concepto, porque el Estado colombiano solo se preocupa por sus ingresos.

Igualmente, la gran mayoría de economistas colombianos opinan que todos los temas relacionados con el BR tienen relación con el concepto de **"políticas monetarias".** Por un lado, está el tema de los "intereses" determinados por el BR. Mi opinión es que esos intereses no tienen nada que ver con los intereses que las entidades financieras cobran a sus clientes. Por lo tanto, no tienen nada que ver con los costos financieros que tienen que pagar las empresas y personas en sus actividades económicas. En mi opinión, esas tasas no tienen relación con la cantidad del "medio circulante", que sería lo que puede afectar la actividad económica, por la forma cómo se han aplicado siempre en la práctica. Los economistas colombianos si opinan que están relacionados.

En mi opinión las "tasas de cambio" del Peso colombiano tampoco tienen relación con las cantidades de medio circulante. Cuando había escases de "reservas internacionales" el BR si podía afectar la actividad económica restringiendo las operaciones que afectaban esas reservas. En ese caso el BR tenía que fijar las tasas de cambio. Con la "libertad cambiaria" existente ya desde hace varios años, las tasas de cambio, en el corto plazo, dependen de la oferta y demanda de divisas en toda la actividad económica.

Las decisiones de las empresas y personas solo dependen de la disponibilidad de reservas. Si el BR utilizara las reservas para "comprar", o "vender" divisas para afectar las tasas de cambio estaría afectando el medio circulante y, por lo tanto, la actividad económica. Si el BR emitiera dinero, como sucedió en el pasado, se estaría afectando el medio circulante y, podría aumentar la actividad económica. Pero, en ninguno de estos casos se puede hablar de una "política monetaria", como tal, porque siempre han sido acciones encaminadas a solucionar algún problema cambiario. Igualmente, las tasas de interés del BR no afectan la "inflación". Con libertad cambiaria, la inflación depende de la oferta y demanda de los productos que se compran y venden en la economía.

Lo que se denomina "política monetaria", en el sentido económico, no son las acciones encaminadas a solucionar problemas. Los economistas colombianos también piensan que existe relación entre las tasas de interés promedio de captación (DTF), con las tasas de interés promedio de colocación y eso es correcto. Cuando una sube, la otra baja y, viceversa. Pero, en mi opinión no existe ninguna razón para que suban o bajen cuando el BR sube o baja sus tasas interbancarias. Las entidades financieras sencillamente las suben o bajan, si acaso, por mermelados, para aparentar que si existe relación. Me gustaría ver las pruebas matemáticas que demuestren eso. Obviamente, eso no es posible. Esas tasas de captación y colocación las manejan como les da la gana, sin respuesta a las ofertas y demandas del mercado.

Si los aumentos y reducciones de las tasas de interés del BR realmente se tradujeran en aumentos o reducciones de los costos financieros de los entes económicos y, por esa razón, se afectarán realmente sus decisiones en las actividades económicas, entonces SI se puede hablar de "políticas monetarias". No sé si es fácil entender la sutileza de las diferencias en las definiciones. Aparte de los comentarios anteriores, estoy muy interesado en los resultados del año 2017. La economía colombiana se encuentra en un punto que requiere un "nuevo estímulo" importante. Como se pudo observar en las cifras macro económicas, la economía ha tenido una desaceleración importante en los años 2015 y 2016. No soy tan optimista como los que hacen esas proyecciones. La administración del país está en el punto donde es necesario recuperar su "seguridad". El Estado no ha querido mirar cómo es que tiene que modificar la "administración de justicia", a pesar de todas las palmaditas que se da permanentemente sobre la justicia.

Como estaba previsto, el problema de CORRUPCIÓN se volvió dramático. Si el Constituyente Primario no se organiza para obligar al Estado a cumplir con su deber y responsabilidad de administrar justicia "adecuadamente", la situación económica continuará deteriorándose, aunque la gente no lo crea. Finalmente terminará por cumplirse lo que he venido sosteniendo desde hace años, que el país perderá todo lo que se ha conseguido en los 10 últimos años. ES NECESARIO SOLUCIONAR EL PROBLEMA DE ADMINISTRACIÓN DE JUSTICIA. La gente está desesperada pero no sabe qué hacer. Mientras no se haga eso, la economía del país no va a crecer más y, lo más probable, es que continúe deteriorándose. Cada día la población está más polarizada, las personas más agresivas, más cínicas y, eso no está solucionando nada. El "nuevo estímulo" necesario en la actividad económica que puede producir lo que llamamos "desarrollo económico" solo se puede conseguir solucionando ese problema. La PERCEPCIÓN y CONFIANZA de la gente se encuentra otra vez en sus niveles más bajos. Mientras eso no cambie, no se incrementará la actividad económica del sector privado. El "nuevo estímulo" necesario en este momento, no puede venir del sector público.

La gente puede seguir gritando en las redes sociales, haciendo marchas y puede seguir insultándose, pero no se conseguirá nada. La solución de los problemas, tiene unas prioridades, como está demostrado, hasta la saciedad. Mientras la gente no entienda que la CORRUPCIÓN es la causa la gran mayoría de conflictos económicos y sociales que tenemos y la causa de todos los problemas de percepción y confianza, no se podrá conseguir nada. La actividad económica del sector privado depende, en primera instancia, de esa percepción y confianza. Es necesario recuperar eso para que suceda todo lo demás. El estado anímico es esencial en todos los procesos de DESARROLLO ECONÓMICO en una Democracia.

X. EL CONFLICTO ARMADO.

Hablar sobre este punto también implica contradecir en materia grave todo lo que se ha sostenido sobre el tema, en los últimos años. La afirmación sobre la "duración" del conflicto armado se volvió el argumento principal del Presidente al hablar sobre la necesidad de LA PAZ en Colombia. Hablar hoy de los nombres de los fundadores, las fechas de fundación de los movimientos guerrilleros, los sitios donde se fundaron, los nombres de esos movimientos, el número de hombres en sus filas, sus tendencias políticas, solo tiene sentido histórico, no tiene ningún sentido práctico.

No me interesa si muchos no están de acuerdo con mi versión del "conflicto armado". Yo estoy convencido que es así. Todos los expertos, historiadores y políticos que hoy hablan de los 60 años del "conflicto armado" colombiano, para alimentar sus egos y justificar las negociaciones de PAZ, están equivocados. No se necesita argumentar eso para negociar la PAZ. No se necesita argumentar que un conflicto ha durado 60 años para sostener que es necesario terminarlo. TODOS QUEREMOS LA PAZ. La necesidad de negociar la PAZ no tiene nada que ver con la duración. En el caso colombiano, la necesidad de parar todo el sufrimiento relacionado con esa situación no está "aumentada" por las décadas de su duración. Lo que no está bien es hablar sobre la duración de un conflicto armado para atribuirse LOGROS que no le pertenecen a una o varias personas. Lo que no está bien es sostener que un conflicto ha durado 60 años para magnificar los LOGROS por terminar ese conflicto y la importancia de hacerlo, mucho más cuando está buscando que le den un PREMIO NOBEL de la PAZ. Lo que no está bien es tergiversar unos hechos históricos para aumentar la importancia de algo que se va a hacer. Lo que no está bien es argumentar que los que se opusieron a una "negociación de PAZ", por alguna razón, entonces quieren la "guerra".

Antes del año 1998 Colombia era un país quebrado, no por los niveles de endeudamiento, sino por falta de DIVISAS, para pagar sus importaciones, o cumplir con los pagos de sus obligaciones financieras, en otras palabras, el país tenía problemas de "reservas internacionales". El país estuvo varias décadas quebrado, por sus "balanzas comerciales" y "saldos fiscales" negativos durante esas décadas. La situación de "quiebra" de un país no solo depende de los niveles de endeudamiento.

Solo hasta el año 2009 el país puede solucionar sus problemas de "reservas", porque pudo comenzar a tener "balanzas comerciales" positivas, hasta el año 2014. Sin embargo, los "saldos fiscales" siempre han sido negativos y en el año 2016 la "balanza comercial" vuelve a ser negativa, poniendo en peligro nuevamente la situación de las "reservas internacionales". **Todo esto indica que es ABSOLUTAMENTE NECESARIO que el Estado solucione sus problemas de "gasto público" y los problemas de "administración de justicia" de todo el país.**

Esta explicación era necesario incluirla, para demostrar la incapacidad del país de tener las importaciones necesarias para entrenar y equipar sus Fuerzas Armadas adecuadamente, hasta el año 2009, debido a su situación cambiaria. El Estado colombiano jamás tuvo la capacidad de sostener un conflicto armado con las diferentes bandas de delincuentes existentes, hasta el año 2009. Si existían las guerrillas desde hace 60 años. Pero, en Colombia JAMÁS HUBO CONFLICTO ARMADO, hasta hace como 17 años, porque sencillamente no lo podía sostener. Hasta donde yo entiendo, la **definición de GUERRA es el enfrentamiento armado entre dos o más partes**. Ese enfrentamiento armado en Colombia jamás existió, hasta el año 2009. Eso no tiene nada que ver con los "sufrimientos" que pudieron existir. Claro que existieron "sufrimientos", porque las guerrillas se dedicaron todo el tiempo a lastimar civiles.

En 1998 el gobierno Norte Americano comienza el PLAN COLOMBIA, regalándole al Estado colombiano USD$400MM anuales para "combatir" el narcotráfico. Durante los primeros cuatro años del PLAN COLOMBIA no es mucho lo que pueden hacer las Fuerzas Armadas colombinas y, por lo tanto, no es mucho lo que pudo suceder diferente a lo que siempre había sucedido. Al final de los siguientes cuatro años las Fuerzas Armadas colombianas ya están adecuadamente equipadas y entrenadas, por primera vez en su historia, para enfrentarse militarmente a las guerrillas. Durante los siguientes cuatro años, las Fuerzas Armadas derrotan a las FARC-EP militarmente, matando sus principales comandantes. En el año 2009 las FARC-EP estaban básicamente derrotadas militarmente y el Estado colombiano ya estaba en capacidad de financiar sus Fuerzas Armadas. Colombia volvía a ser un país SEGURO.

Hace 60 años lo que hubo fue una cantidad de movimientos guerrilleros dedicados a secuestrar y asesinar a miles de personas, básicamente civiles, traficar drogas, robar a millones de personas, efectuar miles de ataques a las infraestructuras petroleras y eléctricas y, destruir el medio ambiente, pero nunca tuvieron con quien enfrentarse militarmente, hasta mediados de los años 2000.

Durante los primeros 25 años los movimientos guerrilleros fueron financiados por los Comunistas de la URSS. Cuando la URSS se quiebra en 1985 las FARC-EP comienzan a secuestrar personas para financiarse. Igual que todos los "terroristas" del mundo, las guerrillas colombianas solo lastimaron civiles, infraestructuras y medio ambientes.

A finales de los años 80's aparecen las Convivir y Autodefensas, financiadas por los civiles, por el desespero de la gente, por casi 30 años de crímenes de las guerrillas. Colombia ya se había convertido en el país de mayor número de "secuestros" en el mundo. La gente estaba desesperada, no sabía qué hacer y cada día trataba más de emigrar hacia otros países.

Con el paso del tiempo, las Autodefensas y Convivir se fueron convirtiendo en lo que la gente hoy llama "Paramilitares", equivocadamente. Como, en ese momento, el Estado seguía sin tener Fuerzas Armadas que pudieran enfrentarse a las guerrillas, estas empezaron a tener algunas relaciones con las Autodefensas y Convivir y la gente las comenzó a llamar Paramilitares. El narcotráfico tiene otros orígenes y, son también bandas criminales que deben ser enfrentadas militarmente. En sus inicios, la guerrilla fue financiada por el Comunismo internacional de Rusia y Cuba. Cuando Rusia y Cuba no pudieron seguir financiando, se cambiaron a los secuestros para financiarse. Con el tiempo, los movimientos guerrilleros terminaron confundiéndose con los narcotraficantes porque el narcotráfico se volvió otra fuente de financiación. Hoy día los guerrilleros, paramilitares y narcotraficantes solo son "bandas criminales" que se financian con los crímenes que cometen, incluido el narcotráfico.

Los diferentes movimientos guerrilleros colombianos nunca tuvieron un contrincante militar con quien enfrentarse. Las Fuerzas Armadas siempre fueron lo más estúpido, que podía uno encontrar militarmente, hasta el punto que un grupo de 200 soldados pudieron ser "secuestrados", en un campo abierto.

El equipo militar que utilizaban era el más equivocado posible. Como ya lo hemos dicho muchas veces, la quiebra del Estado jamás permitió hacer nada diferente, aunque podía haber sido menos estúpido. ¿Ustedes no se acuerdan que la Policía jamás tenía "gasolina" para sus motos y las personas tenían que darle esa gasolina si quería que hicieran alguna vigilancia? Los aviones de la Fuerza Aérea jamás fueron utilizados para bombardear ningún campamento guerrillero. Las chalupas de la Fuerza Naval no salían de Cartagena. El Ejercito solo tenía tanquetas para los desfiles militares.

En el año 2010 el Estado decidió ponerse a negociar la PAZ en lugar de seguir enfrentando militarmente a las guerrillas, cuando estas ya estaban derrotadas militarmente. No es que eso estuviera mal, era una de las opciones del Estado. Lo que está mal son los argumentos que se utilizaron para hacerlo y convencer a la gente de la "necesidad" de hacerlo. Las desmovilizaciones de movimientos guerrilleros anteriores no obedecieron a arrinconamientos de las fuerzas militares. Las motivaciones creo que fueron diferentes. Podrían preguntarle a Antonio Navarro Wolff, por ejemplo, cuáles fueron las motivaciones del M-19.

Mucho optimismo el del Estado pensar en 1998 que podía sentarse a negociar la PAZ con las FARC-EP cuando estaba empezando el Plan Colombia y las Fuerzas Militares apenas comenzaban a equiparse y entrenarse militarmente. ¿Por qué será que Tiro Fijo pudo "dejar metido" en la mesa de negociación a Andrés Pastrana? El señor Santos se pudo sentar a negociar con las FARC-EP, porque nunca habían estado tan golpeadas y arrinconadas militarmente en toda su historia. La guerrilla quiso sentarse. Entonces, ahora el señor Santos piensa que todas las negociaciones de PAZ son mérito suyo. ¿Cómo no iban a sentarse a "negociar", con todo lo que el Estado les estaba ofreciendo? En el año 2009 las Fuerzas Militares ya estaban en su plena capacidad militar y, para todos los efectos prácticos, tenían controlada la "seguridad" del país. En este momento, ya tampoco el Estado colombiano tenía problemas de financiación de sus Fuerzas Militares.

El señor Santos, que solo habla del conflicto de 60 años, el **"más largo de toda la historia de la humanidad"**, que él iba a "terminar" para "evitarle todo el sufrimiento a la gente de una guerra tan larga", solo lo hizo por su "egolatría". Que el señor Santos haya decidido sentarse a negociar con las FARC-EP y el ELN no significa que el conflicto armado haya existido 60 años.

Que haya decidido hacerlo cuando las Fuerzas Militares ya estaban en capacidad de enfrentar las guerrillas y las tenían arrinconadas, no tiene nada que ver con que el "conflicto armado" haya existido 60 años. Son tan estúpidos, mediocres y mal intencionados los políticos, que fueron capaces de decir que los colombianos que no habían sufrido las consecuencias directas de la guerra, "no querían la PAZ, sino la guerra". NO, culos corruptos, todos los colombianos "queremos la PAZ". ¿Por qué creen que es toda la polarización existente en el país?

Lo que está mal son todas las mentiras y tergiversaciones de hechos históricos, para atribuirse méritos que no corresponden a esas personas. JMS pudo sentarse a "negociar" la PAZ debido a la ayuda del Plan Colombia, la utilización que AUV le dio a esa ayuda para mejorar la seguridad del país, el aumento de la actividad económica que produjo un crecimiento importante de la economía a partir del año 2002, y todo el efecto financiero de las exportaciones de petróleo, a partir del año 2008 que le permitieron al Estado tener Presupuestos de USD$100 billones anuales. Ningún Presidente tuvo nada que ver con lo sucedido en ECOPETROL. Todo eso fue idea mía, continuada por otras personas durante 40 años. Miren lo que sucedió con la refinería de REFICAR cuando el Estado tuvo el dinero para las ampliaciones. No quiere el Estado entender que TIENE QUE ENFRENTAR LOS PROBLEMAS DE CORRUPCIÓN, ANTES DE SEGUIR CON TODOS LOS "INVENTOS" DE SU CLASE POLÍTICA.

Lo que está mal son todas las mentiras que JMS se ha inventado para justificar lo que ha hecho. Cuando el resultado del "plebiscito" fue diferente a lo que siempre se imaginó, entonces consiguió que una "magistrada" mermelada de la Corte Constitucional emitiera un fallo diciendo que los que votaron por el NO fueron "engañados" por mentiras y, se inventaron el "Fast Track" para que el Congreso refrendara el "nuevo acuerdo" que aparece después del plebiscito.

No conozco las motivaciones del ELN para sentarse a negociar. ¿Pero, claro, si les van a revocar los cientos de órdenes de captura por todos los crímenes cometidos, que "pierden" sentándose a negociar? ¿Además, no han visto que todas las "actuaciones" del ELN en estos días previos a sentarse a la mesa de "negociación" son igualitas a lo que fueron las de las FARC-EP? Es el mismo show, con los mismos delitos. Es que son tan creativos.

Ahora está en su plenitud la algarabía sobre la "restitución de tierras". ¿Se imaginan eso en un país con un Estado tan corrupto, ineficiente, mentiroso y despistado y, una población que puede ser tan delincuente? Entonces, claro, eso también se convirtió en una gritería de todas las partes involucradas, cada una con la razón, en lo que está diciendo. ¿Quien se aventura a pronosticar lo que sucederá en esas negociaciones con el ELN y, cuánto tiempo durarán? ¿Le darán otro Premio Nobel al señor Santos por esta otra PAZ?

Afortunadamente, todos los movimientos guerrilleros colombianos siempre fueron tan incapaces militarmente, que no pudieron nunca terminar "derrocando" al Estado colombiano. ¿O será que nunca quisieron? A pesar de todas las ventajas militares que podían haber tenido, no lo pudieron hacer. A su vez, los movimientos guerrilleros y, demás bandas de delincuentes, también siempre tuvieron la suerte de unas Fuerzas Militares tan incapaces que nunca les pudieron hacer daño, hasta el año 2009. Todos los mamertos del Estado pueden decir que el origen del paramilitarismo colombiano no fue la "falta de presencia" del Estado, y como siempre, estarán equivocados. Todos los problemas de guerrilla, paramilitarismo y narcotráfico se debieron a la "falta de presencia" del Estado y su incapacidad de haber cumplido con sus responsabilidades.

Pero, además, nunca tuvo la capacidad de enfrentarlos porque siempre se dedicó a otras cosas diferentes a sus responsabilidades indelegables en una Democracia. Igual que en el enfrentamiento de los demás problemas, jamás han podido establecer adecuadamente sus prioridades. Piensan que son los "responsables" de todo el desarrollo económico que pueda existir, son malos administradores, no saben solucionar problemas y, la gente les sigue pidiendo que hagan todo lo demás, como si el resto de la economía no existiera, y la administración de justicia no tuviera nada que ver. ¿Por qué se estará presentando el nuevo deterioro de la "seguridad" ciudadana? ¿No se cansará jamás la población de no entender la importancia de la ADECUADA ADMINISTRACIÓN DE JUSTICIA? ¿Por qué será que siguen apareciendo la cantidad de "conflictos sociales" existentes hoy día?

XI. <u>LA SOCIEDAD ESTÚPIDA.</u>

A los POLÍTICOS CORRUPTOS les encanta mencionar los fenómenos naturales, como los inviernos, sequías, terremotos, sobre los cuales no tenemos ningún control, para explicar problemas, en lugar de aceptar que algo se está haciendo mal. ¿Por qué en Colombia los inviernos, o los veranos siempre producen problemas, en algún sito, o de alguna manera? ¿Que más sabroso que atribuirle al clima todos los problemas de derrumbes, muertes, falta de agua, inundaciones, en lugar de aceptar que se debe a la tala de bosques, la contaminación, el desperdicio, la minería ilegal, la falta de plantas de tratamiento, el irrespeto a todas las normas sobre desarrollo urbano o rural, a la destrucción del medio ambiente? Entonces el Estado hasta puede aparecer como el gran salvador, multando a los que desperdician el agua en las ciudades. ¿Por qué diablos todos los veranos producen unos problemas y los inviernos otros? ¿Por qué nadie piensa en qué es lo que se hizo, o se está haciendo mal?

Casi todos los problemas actuales del MEDIO AMBIENTE están relacionados con el tema de administración de justicia y la aplicación de las leyes. Puede que los ríos vuelvan a tener agua cuando regrese el invierno, pero siempre que regrese el verano se volverán a secar y, así sucesivamente, cosa que no sucedía antes. Nadie cree que los daños han sido permanentes. Igualmente, los inviernos hoy producen toda clase de desastres, como el de Mocoa. Cada aguacero produce inundaciones, o derrumbes. Eso no sucedía antes.

A la gente le encanta decir que tal o cual problema es por falta de "educación", o es un problema de "cultura ciudadana", cuando en realidad, es la falta de "ADMINISTRACIÓN" del Estado en todo. Todas las algarabías de los medios duran dos semanas y, después nadie se vuelve a acordar del tema. A nadie le interesa si el problema se solucionó.

En la "discusión" de los medios sobre el problema de desnutrición de niños en La Guajira, todos los expertos hablan de la falta de lluvia desde hace cinco años, que el cierre de la frontera con Venezuela, que las madres no lactan, pero nadie habla de algún tipo de "educación sexual" para que dejen de tener hijos en esas condiciones y en esa forma. Es increíble que el Estado no pueda utilizar recursos de las Regalías de toda la minería para "ayudar" a aliviar el problema de alguna manera. Nadie habla de la CORRUPCIÓN de las administraciones públicas locales.

A la Academia no le interesa "enseñar", lo único que les interesa es cobrar las pensiones para sus comunidades religiosas o sus propietarios laicos. Existen miles de expertos que solo hablan y hablan y, jamás ayudan a encontrar ninguna "solución" sobre los problemas de educación, o les interesa enseñar a los estudiantes. ¿Alguien propone **cómo** debe ser una mejor educación a cualquier nivel? ¿Por qué, ni la Academia, ni las entidades supuestamente interesadas en la administración de justicia, jamás han querido organizar, o participar en ninguna discusión sobre cómo debería ser una "reforma adecuada" a la administración de justicia? ¿A los abogados, jueces, magistrados, o políticos tampoco les interesa? ¿A que se referirán los que insisten que esas discusiones si existen?

Los desarrollos tecnológicos del mundo no han servido a los colombianos para ser mejores personas, trabajar mejor, o aprender a solucionar problemas. Solo han servido para la aparición de millones de SELFIES, que solo utilizan las redes sociales para hablar de sus viajes, subir fotos de ellos y mostrar lo lindos, divinos y preciosos que son. Suben permanentemente toda clase de videos estúpidos de todas las cosas que suceden en las calles, e insultan a las demás personas porque opinan diferente.

Todo eso está ayudando a crear la polarización que existe con relación a todos los temas, porque todos tienen opiniones diferentes y todos tienen la "verdad" de todo lo que sucede. Pero nada de lo que hace la gente con los desarrollos tecnológicos en las comunicaciones, el supuesto mejor manejo de información que pueden hacer, la mayor eficiencia y eficacia que pueden tener en su trabajo está contribuyendo a solucionar problemas, o anticiparse a nuevos problemas.

Por un lado, los empleados públicos siempre dicen cosas como que "no se trata de mencionar unas normas y solicitar su aplicación, sin tener en cuenta el debido proceso y procedimiento que emana del Artículo 29 de la Constitución Política de Colombia, que el debido proceso se aplicará a toda clase de actuaciones judiciales y administrativas". Pero, por otro lado, son los Abogados empleados públicos los que no tienen en cuenta los "debidos procesos", y se limitan a inundar las respuestas de los recursos legales, con la citación de toda clase de leyes, artículos y normas "legales" para amenazar, abusar e intimidar a los ciudadanos, que siempre son los que infringen las leyes. Como pueden estar siempre haciendo referencia al "debido proceso", cuando son los empleados públicos los que no respetan NADA?

No respetan los procedimientos establecidos por las leyes, para los cobros coactivos, las notificaciones, embargos, prescripciones de plazos y, justificar trabajos mal hechos, siempre tratando de demostrar situaciones que no son y, poder JUSTIFICAR sus trabajos mal hechos.

¿El Ministerio de Hacienda siempre se refiere a los problemas de "evasión fiscal" en forma intimidante y pellorativa hacia los contribuyentes, sin ninguna consideración sobre los orígenes de esos problemas, ni si los niveles de impuestos son adecuados? En Colombia los altísimos niveles de impuestos jamás han sido suficientes para calmar la voracidad del Estado. ¿El Ministerio de Hacienda siempre habla sobre la necesidad de hacer la siguiente "reforma fiscal", como si los problemas de los "déficits fiscales" nunca fueran producidos por la corrupción permanente del Estado, o su ineficiente administración? Es humano equivocarse, pero esas equivocaciones no pueden ser responsabilidad de los deudores de obligaciones fiscales, como se pretende establecer en este caso y muchos otros. El Estado es el responsable de la administración de justicia, pero ha sido el mayor generador de corrupción en Colombia históricamente, por incompetencia, por corrupción de los empleados públicos, o porque permite la corrupción de particulares.

Hace unos meses unos empleados de la DIAN robaron lo que ahora han cuantificado como $600.000 Millones. Ahora dizque otros empleados de la misma DIAN han robado $300.000 Millones. Ni siquiera son los particulares privados. Las personas reciben cientos de ejemplos de corrupción de empleados públicos todos los días, pero siguen pagando sus impuestos para que se los sigan robando. Esos son ejemplos del tipo de empleado público que administra justicia y las personas inconscientes, ignorantes y brutas siguen pensando que no pasa nada. Les pueden decir qué hacer, como hacerlo, qué es lo que funciona mal, como solucionarlo y NO les importa.

Solo saben ponerse bravos porque les dicen sus debilidades. ¿Sabrán qué son "debilidades"? ¿Reconocen que las tienen? ¿Entienden que deben tratar de mejorarlas? Claro que no, porque solo son "selfies" estúpidos. ¿Entonces todo el mundo está de acuerdo en la siguiente "reforma tributaria" para que el Estado se robe el dinero, como está demostrado hasta la saciedad?

Los políticos hoy piensan que tienen que hacer en 10 años todo lo que jamás hicieron en toda la historia, en lugar de aprender a administrar y cuidar lo que se ha conseguido, porque los colombianos no es que nos distingamos por nuestra "educación" y "cultura".

¿Cómo es posible que los argumentos del Estado, para justificar la siguiente reforma tributaria sea la misma de hace décadas, que "no tiene suficiente dinero"? Cuando el Estado estaba quebrado, no tenía dinero. Hoy, si tiene dinero, pero siempre le hace falta más dinero. ¿En qué quedan todas las "discusiones" y "análisis" de los Presupuestos? ¿Por qué no se puede hacer nada bien? Una cosa es hacer reformas tributarias para mejorar la eficacia del concepto, facilitar la administración fiscal, racionalizar los cobros, mejorar la eficiencia, otra cosa es solo "gravar" más a las personas, porque los contribuyentes solo son evasores. ¿Por qué la gran mayoría de los recursos públicos pueden ser robados por entidades públicas o privadas sin contemplación, como está demostrado hasta la saciedad, sin ningún tipo de castigo para los delincuentes?

¿Si el Estado tiene la responsabilidad de administrar justicia, por qué a las entidades públicas no les interesa la adecuada **aplicación de las Leyes**, en una forma honesta y desinteresada? Los Abogados, Jueces y Magistrados siempre están amangualados para participar en sobornos y **conseguir fallos de acuerdo a procedimientos de "forma", no de acuerdo a la verdad de lo sucedido, o lo que establece la Ley.**

Si una persona le queda debiendo dinero a una entidad financiera o cualquier entidad pública, le pueden cobrar "intereses de mora", como en el caso de las obligaciones fiscales. Pero en cualquier otro caso un Juez sobornado puede fallar que una persona no tiene derecho a los intereses de mora de la Pensión dejada de pagar. Entonces, al final de cuentas qué? Las leyes a veces son y, otras veces no son? Los derechos fundamentales a veces existen, pero otras veces no? Quienes son los responsables de toda esa corrupción? Los problemas de sobornos jamás se pueden corregir, como está demostrado hasta la saciedad, sin ningún tipo de castigo para los delincuentes.

¿Habrá algo más inútil, estúpido y dañino que los procesos judiciales a los delitos cometidos décadas atrás, en los cuales jamás se definió nada, entre otras cosas porque las pruebas ya no existen, o son procesos judiciales sobre situaciones completamente contempladas en las Leyes, pero jamás respetadas?

Los Abogados obligan a las personas a procesos civiles de 10 años, en los cuales los Jueces siempre pueden ser sobornados para conseguir cualquier fallo.

Procesar y/o condenar a unas pocas personas por unos delitos, o revivir procesos de delitos cometidos hace décadas, no demuestra que exista la administración de justicia.

Todos los procesos de remates originados por embargos, por la razón que sea, pueden estar organizados con el soborno del Juez de turno, para beneficiar a las personas que participan en esos remates. Más ejemplos de los sobornos que siempre existen para resolver procesos.

La gran mayoría de los procesos de contratación con el Estado siguen involucrando algún tipo de soborno de las entidades públicas o privadas participantes, sin ningún tipo de castigo para los delincuentes, salvo alguna "persecución política".

¿Si existe una organización judicial supuestamente encargada de administrar justicia, qué sentido tienen todas las dependencias de "transparencia" que el Presidente de turno siempre organiza, para salir a hablar basura? ¿Será para pagar favores políticos, amenazar a algún transportador por trashumancia de votos, aparentar legalidad, transparencia, administración de justicia, o hablar mierda, sin que nadie diga nada?

Todos los candidatos a las alcaldías de las ciudades colombianas hoy hablan de los problemas de "movilidad" de su ciudad. No existe nada más inútil, estúpido y ridículo que los Policías de Tránsito paseando en sus motos, o parados en los costados de las calles y carreteras parando vehículos, para pedir "papeles", pero jamás ayudando a resolver, o anticiparse a ningún problema de "movilidad".

La forma adecuada de hacer su trabajo sería recorriendo permanentemente todas las vías, para sancionar a los miles o millones de infractores, cuando cometen las infracciones. Casi todas las ciudades colombianas tienen problemas de "diseño" y "huecos" en las vías. Pero dicho eso, es bastante lo que las "autoridades de tránsito" pueden hacer para mejorar la movilidad y disminuir los riesgos monumentales que hoy existen en toda la movilidad. La cosa más elemental, de sentido común, es que **todas las calles** de pueblos y ciudades se pongan **de una sola vía**. Los carros podrían estacionarse en uno de los costados, se evitarían todos los trancones producidos por los estacionamientos en ambos costados, siendo las calles de doble vía y, todos los cruces serían mucho menos peligrosos.

Los Policías de Tránsito, por ejemplo, pueden vigilar que los furgones y camiones no transiten siempre por los carriles izquierdos a "bajas velocidades", pueden establecer que las motos no utilicen todos los carriles andando por todas partes a "altas velocidades", pueden graduar bien los semáforos, de acuerdo a la importancia de las calles y carreras, pueden controlar que todos los vehículos no estén cambiando de carril permanentemente porque no pueden parar por unos segundos si su carril se detuvo, pueden pintar las líneas divisorias de los carriles, pueden prohibir la circulación por todos los carriles de las bicicletas, pueden prohibir las ventas ambulantes en todas las vías rápidas cuando tienen trancones. Todas las vías del mundo en las ciudades y carreteras tienen carriles de "baja velocidad" y carriles de "alta velocidad".

La movilidad se ha convertido en un problema tan monumental que las autoridades de transito necesitan ser más proactivos, evitando accidentes por todas las barbaridades que hace todo el mundo. Ninguno de los exámenes para otorgar o renovar licencias de conducción tienen "exámenes" de conducción en las situaciones reales existentes en las vías. Los exámenes se reducen a unas pruebas ridículas en maquinitas que parecen "juegos de video". Como cosa rara, todas las licencias de conducción se pueden obtener o renovar con sobornos. Las personas que jamás han tenido accidentes tienen que renovar las licencias anualmente después de cierta edad. Resulta que "esas personas" dejarán de conducir vehículos ellas solas cuando sientan que ya no lo pueden hacer, sin que ningún estúpido esté viendo cómo los detienen con la "licencia vencida".

A ningún estúpido del tránsito, o "experto" en movilidad le parece raro que absolutamente todos los vehículos, todas las motos, todos los ciclistas y, todos los peatones puedan hacer todo lo que quieren, cuando quieren, donde quieren, todo el tiempo. Es imposible convivir en sociedad así, sin respetar a nadie, ni nada. Eso no sucede en ningún país medianamente civilizado del mundo.

¿No están aterradas todas las personas que conducen vehículos, de las probabilidades de accidentarse y "matar" alguna persona en una moto? ¿Necesitan más pruebas de la magnitud de los riesgos existentes, como en todo lo demás con lo que conviven los colombianos, para que alguien trate de hacer algo? En este caso, corresponde a las autoridades de tránsito. Hasta ahora, solo pasean en sus motos todo el tiempo, sin tratar de hacer nada por evitar accidentes. Solo aparecen después de producidos los accidentes.

¿Con la cantidad de vehículos automotores, motos y bicicletas que existen hoy en todas las ciudades del país, cómo es posible que las autoridades de tránsito piensen que todos los conductores pueden circular por todos los carriles, a las velocidades que les provoque, cambiando de carril sin ningún tipo de aviso, o consideración por los que van por el otro carril? ¿Por qué las motos pueden estar cruzándose por delante de los demás vehículos todo el tiempo? ¿Las autoridades de tránsito jamás se han podido sentar a pensar cómo deben endurecer los exámenes de conducción para entregar licencias solo a los que realmente han aprendido a conducir los vehículos y motos?

¿Las autoridades de tránsito jamás se han podido sentar a pensar cómo es que se pueden mejorar los problemas de "movilidad" causados por todas las infracciones y estupideces de los conductores que no tienen ni idea de las normas más elementales de conducción y, por qué los Policías de Tránsito tampoco saben cuáles son esas normas, o cómo aplicarlas con justicia desinteresadamente? Los policías entonces le hacen "pruebas" de resistencia a los cascos de los motociclistas, para ver si no cumplen las "especificaciones" y tener "entrevistas" con todos los medios para hablar de la accidentalidad de las motos.

¿Cuantos de ustedes están dispuestos a terminar en la cárcel por matar a un conductor de moto, o un ciclista en una vía pública, porque no lo vieron? ¿Por qué en las maravillosas autopistas 18G se juntan tres vehículos y nadie puede pasar, porque todos van a la misma velocidad, cada uno en un carril diferente? A los medios y políticos pendejos solo les interesa "mostrar" que los accidentes han disminuido en los "puentes", pero no lo que sucede en la vida diaria de las personas.

Todos los candidatos a las alcaldías de las ciudades colombianas hoy hablan de los problemas de "seguridad" de su ciudad, pero ninguno vincula ese problema a los de administración de justicia, como si no estuvieran relacionados.

Ahora los candidatos a las Alcaldías, además de la "seguridad", la "movilidad", la "generación de empleo", también hablan de la "corrupción", pero ninguno dice cómo piensa cómo corregir esos problemas y, después los "ciudadanos" piensan que eso no es "hablar mierda".

¿Por qué los residentes de Chía y el Norte de Bogotá tienen que mamarse trancones monumentales en la Autopista Norte, porque algún delincuente soborna a alguien para organizar un "evento" en algún sitio que no está adecuado para eso y, por qué las Alcaldías solo proporcionan decenas de policías que se paran al costado, conversando y mirando cómo todos los conductores le echan sus vehículos encima a los demás, en su afán por seguir?

¿La Ley establece claramente que "todos" los bienes inmuebles están identificados por una sola "matrícula inmobiliaria", entonces, por qué la Oficina de Registro de Instrumentos Públicos de Bogotá registra embargos de bienes inmuebles con matrículas inmobiliarias diferentes? Otro ejemplo más de CORRUPCIÓN que jamás puede ser corregida con ningún tipo de "recurso". ¿Los culos políticos ladrones entienden las implicaciones de algo así y, a las personas les importa? No, miran para el otro lado.

Las entidades públicas encargadas de hacer los avalúos de los inmuebles para cobrar los Impuestos Prediales, no pueden seguir haciendo "revisiones" masivas, cuando hoy existen millones de construcciones nuevas en todo el país que deben ser avaluadas en forma diferente a las que tienen varias décadas de construidas.

¿Cuál será el sentido de organizaciones privadas como la **"Corporación para la Excelencia de la Justicia",** patrocinadas por las mismas empresas que roban las pensiones a sus empleados y, cometen otros delitos? Pues, hablar más mierda en foros internacionales, mentir a los ciudadanos que de pronto se acerquen a pedir ayuda, poder darse palmaditas en la espalda entre ellos y, pensar que todos están contribuyendo a un mejor país.

¿Los políticos mamertos pueden siempre estar "hablando" basura sobre todos los "derechos" de las personas, cuando esos "derechos" jamás han interesado en ningún aspecto de la administración pública? ¿Las pensiones, por lo menos hasta ahora, son un "derecho fundamental" de los ciudadanos colombianos, según su maravillosa Constitución, pero todos los que quieren, se las pueden robar, sobornando Abogados y Jueces?

Los miembros de todos los estamentos judiciales del país, incluidos los Magistrados de las Altas Cortes son SOBORNADOS permanentemente en el desarrollo de Procesos judiciales, Derechos de Petición o Tutelas y nadie puede evitarlo, o lograr que sean condenados, mientras los políticos hablan de Justicia, PAZ y Equidad. Los medios solo dicen que se "pone en duda el prestigio de la justicia".

Los Jueces dejan permanentemente en libertad a toda clase de delincuentes, acusados, o condenados, de delitos graves como asesinatos, secuestros, conciertos para delinquir, lavados de activos, traficar con drogas y, otros delitos, porque pueden ser SOBORNADOS.

Existen miles de colombianos encarcelados injustamente como consecuencia de "falsos testimonios", en procesos que nunca se terminan, mientras los estamentos judiciales se dedican a acusar militares por "falsos positivos" motivados por razones políticas. No hay nada más ridículo (es un decir) que el lenguaje jurídico, que repite y repite y repite las mismas frases muchas veces, en los mismos párrafos.

La Superintendencia de Industria y Comercio se la pasa poniendo multas a varias empresas por crear carteles de precios de diferentes productos, o afectar la libre competencia en diferentes sectores, al "restringir importaciones".

La Fiscalía protagoniza numerosos escándalos por millonarios "contratos" de dudosos beneficios para esa organización sin que alguien sea acusado, procesado, o condenado. Los medios se limitan a reportar lo sucedido, mientras los políticos hablan de Justicia, PAZ, Equidad y Transparencia.

Ahora aparece la gritería de los medios con el ESCÁNDALO de los PAPELES DE PANAMÁ. Que paraísos fiscales, qué lavado de Activos, qué lavado de dinero, que 100 billones de USD$, que 850 colombianos. Todas las semanas hay alguna algarabía. Si el dinero de esas cuentas es proveniente de "actividades ilegales", como la minería de esmeraldas, oro y demás minerales que se supone son del Estado colombiano, pues ese dinero existe, por culpa del Estado colombiano que siempre ha permitido que la minería ilegal y, todos los demás delitos existan. Si el objeto de las cuentas era para evitar "pagar impuestos", los mamertos de los medios no deben hablar de lo que saben. EL DINERO ES DE LA GENTE, DE LA PERSONA QUE SE LO GANA, NO ES DEL ESTADO. Eso es diferente a la "voracidad" del Estado corrupto que siempre está viendo como cobra más impuestos para robarse el dinero. Otra cosa es que nadie analice o cuestione si lo que le cobran de impuestos es lo que debe ser.

Llama la atención que los medios y noticieros colombianos solo pueden hablar de los miles de delitos que sufren a diario los estratos bajos de la población, en todas sus modalidades.

¿A las presentadoras lindas, divinas, preciosas nunca las atracan y, a los reporteros feos tampoco? ¿Los únicos que tienen problemas de salud o educación son los estratos bajos?

Caramba, que suerte tienen los estratos altos, tan discretos, educados, inteligentes ellos que no aparecen en las noticias. ¿Esos estratos altos no sienten pánico de salir de sus casas, ni están desesperados por la inseguridad? Claro que no, ellos están en otros países luchando contra la EVASIÓN FISCAL.

Los titulares de los periódicos colombianos son campeones. Disque "BOOM JURÍDICO" para combatir el maltrato de los animales. Solo los periodistas colombianos escriben y entienden lo que significa una frase de ese estilo. ¿Pero, por qué será que en Colombia ninguno habla de "BOOM JURÍDICO" para combatir el maltrato a los humanos? No importa cómo son tratados los humanos, los problemas de las cárceles son monumentales.

Qué "Acuerdo Especial", que Acuerdo Internacional, que la Constitución de Rionegro, que la Constituyente de 1991, que la ONU, que el blindaje, que plebiscito, que sí hay necesidad, que no hay necesidad, que el PUEBLO es el que va a decidir, que no es el pueblo, que la Democracia, que sí está en los textos de los acuerdos de la Habana, que no está, que los derechos fundamentales, que sí van a pagar cárcel, que no van a pagar un día, que sí se necesita, que no se necesita, ningún constitucionalista sabe interpretar lo que está sucediendo. No se sabe qué son todos los que opinan.

Todos los usuarios de las redes sociales tratan de tener cada día más "amigos" porque eso los hace más "importantes". El número de amigos determina la "importancia" de cada usuario, por lo menos eso creen que es lo importante. Entonces cuando cada uno publica algo, inmediatamente es "sepultado" en miles de publicaciones más que aparecen cada minuto (digamos que no es cada segundo). Entonces todos tienen que "gastar más tiempo" mirando lo que todos los demás han publicado. Entonces, todos tienen que "gastar más tiempo" durante cada día de sus vidas para poder usar las redes sociales y, así sucesivamente. ¿Ese es el objeto de las redes sociales, no es cierto? Volver a todos más imbéciles cada día.

¿Habrá algo más ridículo y estúpido que a los miembros de la Policía Nacional los pongan a limpiar "basura" en diferentes sitios de la ciudad de Bogotá? ¿No se les puede ocurrir nada diferente a los "jefes" de esas personas? ¿No existen otras personas capaces de hacer este tipo de trabajo?

¿De donde diablos aparecen todas las "estadísticas" que hoy se publican en todos los medios hablados y escritos del país? ¿Cuál será la "utilidad" de la cantidad de "estudios" que se hacen y nadie puede saber si sus conclusiones son ciertas? Que Colombia se "ahorrará $7.1 billones de Col. Pesos en daños al medio ambiente, por cada año de PAZ", según el Departamento Nacional de Planeación.

¿A quién diablos le interesa el "parto perfecto" de María Clara Rodríguez, su barriga embarazada, o el bebé que acaba de tener? ¿Será la única mujer que ha tenido un bebé?

Los medios se preguntan si "la justicia se va a destrabar", con el nombramiento de un nuevo Fiscal. Que depresión, que mediocridad, pero a nadie le parece rara toda esa babosería.

No vale la pena seguir enumerando ejemplos de CORRUPCIÓN y las demás estupideces que se le ocurren a las personas hoy, porque eso no soluciona nada importante. Alguien también estará llevando esa estadística. Sus cerebros no les dan para más.

Nunca aprendieron a pensar y nadie les enseñó, pero si fueran desinteresados y honestos, hubieran aprendido solos. Como no lo son, jamás aprendieron.

¿Por qué los CONGRESISTAS colombianos "tumbaron" la norma que los obligaba a publicar sus Declaraciones de Renta? ¿Ellos si pueden tener inversiones que no declaran, o no declarar todo lo que ganan? ¿El señor Santos y sus Ministros por qué no publican sus Declaraciones de Renta? ¿Por qué los presidentes colombianos y sus ministros no están obligados a hacerlo? ¿Puede que el señor Santos tenga el dinero, pero por qué puede hacer un matrimonio de 1.500 personas para su hija en la hacienda de Hato-Grande? ¿Ese sitio no es para reuniones oficiales, aunque sea por educación, decencia, discreción, responsabilidad? ¿Por qué no lo hace en otro sitio? ¿Será que no se "gastarán" nada de los recursos públicos en semejante evento? ¿Como va a firmar la PAZ tiene "derecho" a hacer eso? ¿Por qué será que ese señor tiene ese "nivel de aprobación"?

Cuando un país tiene la mayor economía del mundo y uno de los niveles de vida más altos, comienza a tener el problema que la producción local se le vuelve más costosa que en otros países, con menores niveles de desarrollo, donde los costos de producción pueden ser más bajos. Si a eso se le agregan "problemas de impuestos", las empresas empiezan a llevar su producción a otros países para poder seguir siendo competitivas en costos. Esa fue la situación creada en EEUU desde hace varias décadas. Los países donde se establece la "nueva" producción empiezan a poder tener excedentes gigantescos en sus balanzas comerciales, por las exportaciones a los países más desarrollados. Los líderes chinos esclavizaron a sus ciudadanos durante 25 años para producirle a los Norte Americanos todo su consumo. Eso les permitió convertirse en la segunda economía mundial en esos 25 años. Eso fue lo mismo que hizo Japón, Corea y otros países asiáticos después de la Segunda Guerra Mundial y les permitió desarrollarse. Los gigantescos excedentes en sus balanzas comerciales les proporcionaron el dinero para ese desarrollo.

Por el otro lado, EEUU comenzó a tener gigantescos déficits en su balanza comercial por las importaciones. Esto fue lo que se denominó GLOBALIZACIÓN de la economía mundial. En la medida que la economía mundial creció, por el desarrollo de todos esos nuevos países, se configuró la "globalización". Es cierto que la globalización ha tenido muchas "ventajas" para todos los "consumidores" del mundo y, sus niveles de vida. Eso está muy bien, de eso se trata el desarrollo económico. Sin embargo, eso le creó a EEUU un problema gigantesco que TIENE que solucionar en el largo plazo. No son muchas las alternativas disponibles para solucionar este problema. Por eso las soluciones del Presidente Trump parecen adecuadas. Se puede seguir ampliando las explicaciones sobre la globalización, pero no creo que valga la pena.

Los colombianos tan "preocupados" por lo que sucede en EEUU y lo que está haciendo el Presidente Trump y no se preocupan por los problemas de acá. Lo que está haciendo está encaminado, finalmente, a ir solucionando en el largo plazo, el gravísimo problema que tienen de DEFICIT en su balanza comercial, desde hace décadas. Hasta ahora han manejado el problema imprimiendo dinero, solución insostenible eventualmente. Eso lo han podido hacer porque el Dólar es la moneda de reserva de la economía mundial. Todas las monedas del mundo están definidas con relación al Dólar y, todo el comercio internacional se efectúa en esta forma, pero el gigantesco déficit es insostenible en el largo plazo.

Ya han existido intentos de quitarle al Dólar esa condición y, si eso sucede sería catastrófico para EEUU. Los gigantescos déficits comerciales de EEUU tienen que ir disminuyendo y, eventualmente desaparecer. Nadie se había atrevido enfrentar el problema. Aparte de eso, están todos los problemas que tampoco habían querido volver a enfrentar, de ilegalidad, seguridad, producción, patentes, inventos y, demás.

En algún momento mencioné que todavía no quería pensar en DESESPERANZA, pero no encuentro la forma de conseguir que el Estado entienda sus responsabilidades básicas y las consecuencias para el futuro del país. Tampoco encuentro la forma de interesar a las personas en los problemas del país.

¿Si no existe la participación y compromiso de todos, cual puede ser el futuro? Los políticos pueden siempre estar "hablando" sobre "justicia social", cuando cualquier tipo de problema social siempre tiene que estar relacionado al desarrollo económico y, con la administración de justicia, conceptos siempre mencionados por los Abogados y políticos, pero jamás aplicados honestamente, ni desinteresadamente en la práctica.

Todo el mundo habla de los problemas que tiene y pide "soluciones", pero nadie PIENSA cómo se debe hacer nada. Nadie PIENSA cuáles son los problemas de "administración", cuales los "conceptuales".

¿Eso no soluciona nada, pero cuál es la alternativa? ¿Vuelvo y repito, sentarse a esperar a ver qué sucederá y quien tiene la razón? ¿No se entiende lo que estoy diciendo? ¿Se deben hacer obras de teatro, se deben hacer películas sobre las "magias" colombianas, se deben seguir haciendo "debates" de opinión de expertos en los medios? ¿Como se puede interesar que las personas participen en su Democracia, en una forma "pensante"? Yo pensaba que el proceso de construcción de la Democracia en Colombia ya tenía más de 500 años. ¿Entonces será que lo que siempre han dicho las "clases dirigentes y políticas" colombianas no es verdad?

¿Los ciudadanos colombianos no son capaces de entender que el problema más grave que tienen es la CORRUPCIÓN? ¿No entienden que el encargado de Administrar Justicia no lo quiere hacer y, entonces tienen que encontrar la forma de obligarlo? ¿No piensan que lo pueden obligar? ¿Los colombianos piensan que está bien judicializar 10 delincuentes, mientras todo el resto de gente sufre las consecuencias de la corrupción, sin poder hacer nada, porque no pertenecen a los "círculos de poder", ni a los medios mermelados?

XII. <u>LA ACADEMIA COLOMBIANA.</u>

A comienzos del primer gobierno de este Presidente ya tenía un BORRADOR de lo que pensaba podía ser una "reforma adecuada" a la administración de justicia en Colombia, sin ser Abogado. Me fui a varias universidades, a tratar de organizar un foro abierto para "debatir" ese tema porque pensé que el foro adecuado para hacerlo era la Academia. A ninguna universidad le interesó, por temor a perder los "beneficios fiscales" que reciben del Estado. La famosa educación tan promocionada por este Presidente se convirtió en un NEGOCIO. A la Academia hoy no le interesa ENSEÑAR. Cuando puedo siempre le hago la siguiente pregunta a cualquier estudiante universitario que me pueda encontrar: "¿En UNA PALABRA qué piensan Ustedes que es lo más importante que deben buscar en la EDUCACIÓN?" Primero que todo, ninguno puede usar "UNA PALABRA". Ningún estudiante me ha podido contestar. ¿Si no saben contestar eso, cómo saben si un profesor es "buen profesor", o no? Si a alguien le interesa saber, se tiene que poner en contacto conmigo.

Los estudiantes hoy no pueden perder el año. Para los entes educativos es mejor expulsar un profesor que un estudiante. Esto es así en todos los niveles de educación, primaria, bachillerato y universidad. Pero, es que además es mucho más fácil reemplazar al profesor que al estudiante. Eso está tremendamente mal. Eso está produciendo graduados mal educados, groseros, desinteresados, sin ninguna responsabilidad, sin compromiso, sin convicción. Los adultos que tienen que lidiarlos laboralmente ya se refieren a ellos como "los hijos del milenio".

Más adelante voy a tratar que alguna universidad incorpore el libro a su biblioteca. Me parece muy importante que pueda ser utilizado como libro de consulta, a pesar de todos los vainazos que le echo a todo el mundo. Sé que será muy complicado por la manera de ser de todos los colombianos. Los profesores no son la excepción. Sé que a ellos no les gusta utilizar textos que no sean escritos por ellos, entre otras cosas.

En vista de todo eso, he diseñado unos cuestionarios para todas las personas de la Academia, relacionados con varios escenarios, temas y situaciones, que, de pronto, pueden ser utilizados por profesores para definir temas temporales en las clases, para darse una idea de los pensamientos de sus estudiantes, para hacer pruebas de SI-NO, FALSO-CIERTO y, de pronto, hasta les sirva para enseñarles mejor:

REDES SOCIALES

- ¿Le interesa Colombia?
- ¿Sabe cuál es el significado de "patriotismo"?
- ¿Cual creen es la "mejor utilización" de las redes sociales?
- ¿Cree que las redes sociales se pueden utilizar para algo "diferente" de mostrar las fotos, viajes, y cumpleaños personales?
- ¿Es feliz porque Colombia es democrática y puede usar las "redes sociales" cómo quiere?
- ¿Se siente "realizado" por la forma como utiliza las redes sociales?
- ¿Cree que las redes sociales sirven para "enseñar" o "aprender" algo?
- ¿Le interesa estar enterado sobre los "problemas macro" colombianos?
- ¿Cree que los "problemas macro" colombianos se pueden o deben discutir en las redes sociales?
- ¿Cree que los "problemas graves" del país se deben ventilar en las redes sociales?
- ¿Cree que las redes sociales se pueden utilizar para ventilar "problemas diferentes" a los sociales?
- ¿Le interesa pensar sobre los "problemas de los demás" en las redes sociales?
- ¿Le interesa saber sobre la "felicidad" de los demás en las redes sociales?
- ¿Le interesa saber sobre los "viajes" de los demás en las redes sociales?
- ¿Sabe cuándo un tema puede ser "importante"?
- ¿Cree que no es "interesante" poder decir cosas importantes?
- ¿Saben lo que es "importante" para Ustedes, o solo creen que lo saben?
- ¿Sabe cómo medir la "importancia" de algún tema?
- ¿Cree que vale la pena dedicar tiempo a tratar de entender, o definir la "importancia" de algo?
- ¿Cree que el principal obstáculo al desarrollo del concepto de las redes sociales es la "superficialidad" de las personas?
- ¿Cuáles son los "principales temas" que cree se deben tratar en las redes sociales?
- ¿Tiene alguna opinión sobre cuáles son los "principales problemas" colombianos?
- ¿Le interesan los "problemas" y "sufrimientos" de los demás, fuera de los de los animales?
- ¿Es capaz de sostener "conversaciones" públicas profundas sobre problemas?
- ¿Cree que las redes sociales se deben utilizar para "obligar" algo?

- ¿Cree que las redes sociales solo han servido para volver a las personas más "egoístas", "narcisistas" y "superficiales"?

CARÁCTER DE LOS COLOMBIANOS

- ¿Piensa que los "problemas" no tienen solución?
- ¿Piensa que los "problemas" normalmente tienen solución?
- ¿Piensa que la "mejor forma" de solucionar problemas es solo quejándose y hablando de ellos en reuniones sociales?
- ¿Piensa que puede "contribuir" de alguna forma en la solución de problemas?
- ¿Cree que en Colombia hacemos bien "todas las cosas", como se dice?
- ¿Piensa que siempre se deben buscar "soluciones perfectas"?
- ¿Cree que tenemos problemas que debemos calificar como "graves"?
- ¿Piensa que siempre debe estar "optimista"?
- ¿Cree que siempre le va "bien"?
- ¿Piensa que todo lo "hace bien"?
- ¿Piensa que siempre está "bien"?
- ¿Está convencido que siempre "le va bien"?
- ¿Le importan los "problemas de los demás" mientras no lo afecten a Usted?
- ¿Puede reconocer las situaciones que son "problema", o se pueden convertir en problema?
- ¿Sabe que es lo más "importante de la educación"?
- ¿Cree que todos los problemas del país son de "educación", porque todo lo demás es "represivo"?
- ¿Cree que es muy útil "hablar pendejadas" todo el tiempo porque los demás tendrán una mejor opinión sobre Usted?
- ¿Piensa que es más importante tener un "celular inteligente" que devolver llamadas?
- ¿Piensa que no es importante cumplir los compromisos de trabajo o sociales?
- ¿Piensa que no es importante saber cuánto se demora desarrollando trabajos?
- ¿Piensa que es un "derecho fundamental" opinar sobre lo que no sabe?
- ¿Pregunta cuando no sabe sobre algo, o prefiere hablar sin saber?
- ¿Piensa que es un "derecho fundamental" delinquir cuando lo puede hacer?
- ¿Se siente "indignado" con los crímenes atroces, o de lesa humanidad?
- ¿Se siente "indignado" por los permanentes robos de empleados públicos?

- ¿Cree que la mejor forma de ayudar a solucionar problemas es sintiéndose "indignado"?
- ¿Piensa que no es importante estudiar y aprender, porque siempre puede repetir lo que dicen los demás, aunque no lo entienda?
- ¿Se muere de nostalgia por Colombia, pero vive afuera ilegalmente, porque no tiene los cojones para quedarse y "pulsearlo" acá?
- ¿Piensa que es muy importante maltratar a sus empleados porque es la única forma que "esos hijos de puta" trabajen y aprendan?
- ¿Piensa que la mejor forma de solucionar problemas es sobornando?
- ¿Solo tiene amigos exitosos?
- ¿Piensa que es muy importante quitarse las bolsas de los ojos, las papadas, templarse la cara, subirse las tetas y el rabo para ser más exitoso(a) en su trabajo y ser más respetado(a) porque no envejece?
- ¿Piensa que es una persona "light"?
- ¿Está feliz de ser una persona "light"?
- ¿Cree que las personas "light", generalmente son más exitosas?
- ¿Cree que es una persona "profunda"?
- ¿Siente remordimiento por viajar al exterior con dinero robado?
- ¿Cuando le sobra dinero, piensa en ayudar a alguien que se lo pide?
- ¿Siente remordimiento por ayudar a los demás con el dinero de los demás?
- ¿Cree que los hampones entrevistados permanentemente en la radio dicen la verdad?
- ¿Piensa que es más importante tener una 4x4 que ser honesto?
- ¿Piensa que la mejor forma de "ayudar" a los demás es prometiendo cosas que no puede cumplir?
- ¿Piensa que siempre debe decir que SI?
- ¿Cree en la importancia de saber decir que NO?
- ¿Le importa que lo roben permanentemente, pero no puede hacer nada?
- ¿Cree que la mejor manera de mejorar y fortalecer la convivencia en una Democracia es robando y abusando de los demás?
- ¿Cree que la mejor descripción de los colombianos es que son mentirosos, tercos, arrogantes, corruptos, superficiales, vanales, mostrones, pusilánimes, tacaños, pobres de espíritu, timoratos, mal educados, no quieren ser mejores personas, no quieren aprender, no quieren mejorar su entorno, su país y, no quieren ayudar a los demás, por flojos y cobardes?
- ¿Cree que eso no es verdad y son lo opuesto?
- ¿Siempre termina "enfrentado" con los demás porque no sabe "argumentar"?
- ¿Es feliz si publican su foto en el periódico, aunque sea por delinquir?

DEFINICION DEL ENTORNO

Entorno Político

- ✓ *¿Cree que en la vida a veces es necesario pelear por unos "principios", para defender una "forma de vida", que eso no se da solo, que es necesario definirla, construirla, cuidarla, defenderla y administrarla, a veces militarmente y a veces conceptualmente?*
- ✓ ¿Cree que es importante saber algo del texto de la Constitución colombiana?
- ✓ ¿Sabe cuál es la definición de Democracia?
- ✓ ¿Existe una definición de Democracia en la Constitución colombiana?
- ✓ ¿Cree que es "importante" y necesario entender la definición de Democracia?
- ✓ ¿Cree que el Estado colombiano es democrático?
- ✓ ¿Sabe cuáles son las "responsabilidades indelegables" del Estado en la definición y conservación de un entorno político democrático?
- ✓ ¿Cree que esa definición corresponde a la aplicada en la práctica en el entorno político colombiano?
- ✓ ¿Sabe cuál es la definición de "responsabilidad indelegable"?
- ✓ ¿Sabe cuáles son las "responsabilidades indelegables" del Estado colombiano según su Constitución actual?
- ✓ ¿Sabe cuáles han sido las "responsabilidades Indelegables" del Estado colombiano según su historia constitucional?
- ✓ ¿Sabe si la Constitución colombiana define sus "responsabilidades indelegables" en alguno de sus artículos?
- ✓ ¿Sabe cuáles son los "derechos fundamentales" de los colombianos definidos en su Constitución?
- ✓ ¿Cree que según las definiciones anteriores, en Colombia existe una Democracia?
- ✓ ¿Cree que es importante entender la definición de Democracia para poder legislar adecuadamente en una Democracia?
- ✓ ¿Cree que es importante entender la definición de Democracia para poder aplicarla en la práctica?
- ✓ ¿Tiene "interés" en saber y entender sobre esto?
- ✓ ¿Cree que históricamente Colombia ha tenido una Democracia?
- ✓ ¿Se ha puesto a pensar porque sí, o porque no?
- ✓ ¿Piensa que los políticos colombianos son "habla mierdas", o casi siempre hablan con la verdad?

Entorno Económico

- *¿Cree que en la vida a veces es necesario pelear por unos "principios", para defender una "forma de vida", que eso no se da solo, que es necesario definirla, construirla, cuidarla, defenderla y administrarla, a veces militarmente y a veces conceptualmente?*
- ¿Piensa que los colombianos quieren una Democracia?
- ¿Piensa que los colombianos deben tener una Democracia?
- ¿Cree que los colombianos se merecen una Democracia?
- ¿Cree que los colombianos defienden y creen en su Democracia?
- ¿Cree que la Academia es el foro más adecuado para analizar temas de macro economía?
- ¿Piensa en cómo se debe definir la economía en una Democracia?
- ¿Cree que los académicos colombianos tienen el temperamento y carácter adecuados y necesarios para debatir problemas y enseñar?
- ¿Sabe cómo se debe definir un entorno económico de mercado?
- ¿Cree que Colombia debe tener algún otro tipo de entorno económico?
- ¿Sabe cuáles son las "responsabilidades indelegables" del Estado en la definición y conservación de un entorno económico de mercado?
- ¿Sabe cuáles son las "responsabilidades indelegables" del Estado requeridas para producir lo que llamamos "desarrollo económico"?
- ¿Sabe cuáles son las responsabilidades "adicionales" de un Estado democrático en el proceso de desarrollo económico?
- ¿Está de acuerdo en la "importancia" y necesidad de esas responsabilidades?
- ¿Sabe cómo se debe "medir" el desarrollo económico?
- ¿Alguna vez ha tratado de leer algún libro sobre Economía?
- ¿Cree que es importante pensar en el futuro económico de su país?
- ¿Cree que es "importante" saber, por lo menos lo básico, para opinar sobre Economía, o cualquier otra profesión?
- ¿Cree que los problemas económicos se solucionan solucionando los sociales?
- ¿Cree que los problemas sociales se pueden solucionar antes que los económicos?
- ¿Cuando opina sobre temas económicos cree que lo único importante es citar a los economistas "famosos", especialmente si están muertos?
- ¿Cree que el principal obstáculo para el desarrollo económico es la "educación"?
- ¿Cree en la importancia de los "conceptos" económicos?
- ¿Cree que esos "conceptos" no funcionan en la práctica?

- ¿Cree que la corrupción afecta el desarrollo económico?
- ¿Cree que la corrupción hoy es un problema grave en Colombia?
- ¿Cree que el problema de corrupción puede tener solución?
- ¿Cree que es importante entender por qué Colombia pudo tener el salto económico de los últimos 10 años?
- ¿Cree que es importante entender por qué el desarrollo económico se puede producir?
- ¿Cree que es importante "hablar" de conceptos como "competitividad", sin saber su significado?
- ¿Cree que es importante "hablar" de conceptos como "valor agregado", sin saber su significado?
- ¿Cree que las personas que hablan de esos conceptos SI SABEN su "definición" y los "aplican en la práctica" en su trabajo, o son habla mierdas?

ANÁLISIS Y SOLUCIÓN DE PROBLEMAS

- ¿Cree que es importante definir los entornos políticos y económicos al comenzar a pensar en el análisis y solución de los problemas del país?
- ¿Cree que es importante entender cómo deben operar esos entornos?
- Cree que no es importante y las soluciones son iguales en cualquier entorno?
- ¿Piensa que los problemas macro del país no son de su incumbencia?
- ¿Piensa que no tuvo ninguna responsabilidad en el surgimiento de problemas como el narcotráfico, el paramilitarismo, la guerrilla, el secuestro, o la corrupción?
- ¿Piensa que es muy joven para saber o entender algo de esos problemas?
- ¿Piensa que la "educación" no debe incluir nada sobre la historia del país?
- ¿Piensa que la historia es de los viejitos?
- ¿Piensa que se puede aprender de la historia?
- ¿Piensa que no le deben interesar los problemas macro porque siempre se puede ir a vivir en otro país, aunque sea ilegalmente?
- ¿Quiere y extraña muchísimo a Colombia, pero desde otro país?
- ¿Cual piensa que es el "principal" objetivo de la educación, de cualquier nivel?
- ¿Cuál debe ser el principal "aprendizaje" de la educación?
- ¿Cree que la educación se puede definir en UNA PALABRA?

✦ ¿Cree que la Academia colombiana cumple con sus responsabilidades básicas?

✦ ¿Cree que la famosa Academia colombiana es una gran mentira?

✦ ¿Es capaz de ponerse a pensar porque eso puede ser así?

✦ ¿Los estudiantes universitarios colombianos aprenden a "interesarse" en los problemas de su país?

✦ ¿Piensa que "conflicto" es lo mismo que "problema"?

✦ ¿Cree que los tonos y la semántica deben ser los aspectos más importantes en la solución de problemas y no los conceptos?

✦ ¿Cuál es la primera pregunta que se hace para comenzar a analizar cualquier problema, o no se hace ninguna pregunta?

✦ ¿Cree que es importante poder aceptar las equivocaciones, para poder encontrar las soluciones adecuadas, o piensa que nada que ver?

✦ ¿Cree que sin entender eso, se puede llegar a la solución adecuada de problemas?

✦ ¿Cree que los colombianos saben "argumentar"?

✦ ¿Como los colombianos no se equivocan jamás, entonces como pueden aceptar que existen problemas?

✦ ¿Cree que los problemas existen por culpa de la Democracia y todo se solucionaría con una dictadura?

✦ ¿Cree que los colombianos se distinguen por su "capacidad analítica"?

✦ ¿Cree que los colombianos se distinguen por su capacidad de solucionar problemas?

✦ ¿Cree que es importante ir solucionando problemas?

✦ ¿Cree que los "grandes" problemas colombianos no tienen solución?

✦ ¿Como no tienen solución, entonces lo importante es seguir "hablando" de ellos, porque de esa manera damos la impresión de "saber" lo que decimos?

✦ ¿Piensa que lo "importante es hablar" de los problemas en las reuniones sociales y no tratar de solucionarlos?

✦ ¿Cuál ha sido su principal contribución al bienestar general de las demás personas?

✦ ¿Cree que "todo" lo que hacen los colombianos debe ser tenido en cuenta y reconocido por los demás países porque es muy "importante"?

✦ ¿Por qué cree que ninguna "reforma" en Colombia soluciona ningún problema y seguimos teniendo los mismos problemas de hace 50 años?

+ ¿Piensa que no puede ayudar a solucionar ningún problema?

+ ¿Piensa que sí está contribuyendo a la solución de problemas en la medida que puede?

+ ¿Por qué cree que existe tanta polarización en el análisis y solución de problemas en Colombia?

+ ¿Cree que es así porque es un problema mundial?

+ ¿Cree que la solución de todos los problemas en una Democracia y entorno económico de mercado le corresponde al Estado?

+ ¿Cree que sí es verdad, pero le da miedo y depresión aceptarlo?

+ ¿Cree que si es verdad pero no hay nada que hacer?

+ ¿Cree que el Estado colombiano ha solucionado los principales problemas del país?

LA ADMINISTRACIÓN DE JUSTICIA

❖ ¿Cree que existen "sobornos" en la administración de justicia colombiana?

❖ ¿Tiene algún interés en involucrarse en este tipo de discusión?

❖ ¿No entiende ni le interesa el tema de la justicia?

❖ ¿Le importa mejorar la convivencia en sociedad?

❖ ¿Cree que la convivencia tiene alguna relación con la administración de justicia?

❖ ¿Tiene alguna duda sobre la gravedad del problema de "administración de justicia" en Colombia?

❖ ¿Está feliz porque los medios de comunicación entrevistan nuevamente todos los días al Senador Roy Barreras después del osito de la última "reforma judicial?

❖ ¿Cree que a los estamentos judiciales les interesa la "administración de justicia"?

❖ ¿Cree que a las demás personas les interesa la "administración de justicia"?

❖ ¿Piensa que la "administración de justicia" debe ser una de las "responsabilidades indelegables" del Estado colombiano?

❖ ¿Sabe cuál es la "definición" de administración de justicia en un entorno político democrático y económico de mercado?

❖ ¿Piensa que en Colombia existe una adecuada "administración de justicia", o no sabe, ni le interesa?

❖ ¿Ha pensado porque existe la corrupción en Colombia?

- ❖ ¿Cuál cree Usted que es la principal causa de la "mala" administración de justicia en Colombia?
- ❖ ¿Cree que el problema de "corrupción" en Colombia es muy grave?
- ❖ ¿Cree que en Colombia las personas deben tener la posibilidad de poder **corregir los abusos**, sin perjuicio de los procedimientos de forma establecidos por las leyes?
- ❖ ¿Cree que es correcto, moral, ético, responsable que la rama judicial tenga un presupuesto anual del 1%, o menos, del presupuesto del gobierno nacional?
- ❖ ¿Se siente "indignado" con los abusos de la justicia?
- ❖ ¿Es "amigo" de muchos abogados?
- ❖ ¿Cree que en Colombia existe una cantidad "normal" de injusticia?
- ❖ ¿Se excita por la osadía de los delincuentes y siente que quiere imitarlos?
- ❖ ¿Cree que es correcto y normal perder un "derecho fundamental" porque se puede sobornar un juez durante un proceso judicial?
- ❖ ¿Cree que es correcto y necesario que un proceso judicial tenga que durar 10 años?
- ❖ ¿Cree que la historia legislativa ha contribuido a "sentar precedentes" para los fallos de los procesos judiciales y legislar mejor?
- ❖ ¿Está de acuerdo que existan empleados públicos ejerciendo mientras están siendo procesados por delincuentes?
- ❖ ¿Cree que las Fuerzas Armadas y Policía "deben" sostener todo el peso de la Democracia, mientras la mayoría de los demás delinquen?
- ❖ ¿Cree que los problemas de justicia en Colombia se deben a la falta de educación?
- ❖ ¿Cree que las "demandas" al estado son un negocio?
- ❖ ¿Cree que las personas deben "poder" demandar al Estado, cuando tienen justa razón para hacerlo?
- ❖ ¿Por qué los derechos fundamentales en Colombia a veces son fundamentales y a veces no?
- ❖ ¿Cree que se puede administrar justicia en una Democracia, sin entender su significado?
- ❖ ¿Cree que se puede "legislar" en una Democracia, sin entender su significado?
- ❖ ¿Cree que la "rama judicial" colombiana está administrando justicia adecuadamente?

LA MOVILIDAD

- ❖ ¿Nunca ha tratado de pensar en cuales pueden ser las soluciones a los problemas de movilidad?
- ❖ ¿Piensa que la única solución es arrasar la ciudad y volver a construirla?
- ❖ ¿Cree que el problema es de la Democracia?
- ❖ ¿Piensa que el trabajo "adecuado" de los Policías de Tránsito es hacer lo mismo que los semáforos?
- ❖ ¿Piensa que el trabajo "adecuado" de los Policías de Tránsito es solo pedir "documentos" y poner multas por mal estacionamiento?
- ❖ ¿Piensa que es adecuado que los Policía de Tránsito siempre estén "parados" en los costados de las calles y carreteras?
- ❖ ¿Cree que las autoridades de tránsito "hacen bien" sus cosas y saben cuáles son los problemas principales de movilidad?
- ❖ ¿Cree que los Policías de Tránsito conocen las normas de conducción?
- ❖ ¿Piensa que es correcto sancionar con la misma gravedad la falta de un "seguro obligatorio", que estar conduciendo sin licencia, un vehículo robado, con armas o drogas?
- ❖ ¿Cree que todos los semáforos en las ciudades están bien graduados?
- ❖ ¿Piensa que existe la señalización adecuada de toda índole en ciudades y carreteras?
- ❖ ¿Cree que el trabajo adecuado de los Policías de Tránsito debe ser recorriendo permanentemente todas las calles en motos para poder castigar las infracciones, o nada que ver?
- ❖ ¿Cree que se debe endurecer la entrega de licencias de conducción y que se haga solo a los que realmente aprenden a conducir?
- ❖ ¿Piensa que es correcto que nadie pueda objetar o apelar los comparendos?
- ❖ ¿No le preocupan todos los huecos "permanentes" en calles y carreteras?
- ❖ ¿Piensa que los diseños de la ciudades tienen alguna relación con los problemas de movilidad de vehículos?
- ❖ ¿Piensa que los exámenes de conducción a los aspirantes a licencias son adecuados?
- ❖ ¿Cree que las responsabilidades y normas universales sobre conducción no deben aplicar en Colombia?
- ❖ ¿Piensa que es correcto evitar excesos de velocidad con "policías acostados"?
- ❖ ¿Cree que la estupidez del pico y placa debe continuar, porque el problema de movilidad se debe al exceso de vehículos automotores?
- ❖ ¿Cree que los Policías de Tránsito cumplen adecuadamente su trabajo de sancionar a los verdaderos culpables de estorbar la circulación de los vehículos?

- ❖ ¿Cree que los Policías de Tránsito cumplen adecuadamente su trabajo de sancionar a los verdaderos culpables de producir riesgos graves en la circulación de los vehículos?
- ❖ ¿Cree que la Policía de Tránsito debe y puede hacer trabajo preventivo?
- ❖ ¿Cree que no deben ser sancionados los conductores por estar cambiando de carril, a cualquier velocidad, sin ninguna indicación?
- ❖ ¿Cree que es correcto que todos los conductores de vehículos 10x10 puedan atropellar permanentemente a los de los carriles de al lado?
- ❖ ¿Cree que no deben ser sancionados los conductores por conducir a 10 centímetros del vehículo de adelante?
- ❖ ¿Cree que no deben ser sancionados los conductores de vehículos y motos por conducir a 200 kms X hora, cambiando de carriles y echándole los vehículos encima a los demás conductores?
- ❖ ¿Cree que no deben ser sancionados los conductores por conducir en carretera a 20 kilómetros x hora, a la izquierda?
- ❖ ¿Cree que no deben ser sancionados los conductores por ubicarse en el carril opuesto, cuando van a voltear, y lo hacen sin ningún cuidado o indicación?
- ❖ ¿Cree que no deben ser sancionados los conductores que siguen hablando y chateando por celular? Claro que a las mujeres jamás las sancionaron por peinarse y maquillarse mientras conducen.
- ❖ ¿Cree que no deben ser sancionados los conductores por conducir a la misma velocidad de los demás vehículos, en todos los carriles de las carreteras, sin dejar adelantar a los demás, trancando todo el tráfico?
- ❖ ¿Cree que no deben ser sancionados los conductores que siempre conducen más rápido que los límites de velocidad?
- ❖ ¿Cree que no deben ser sancionados los conductores que siempre estacionan en los sitios que más tapan visibilidad y estorban el tráfico?
- ❖ ¿Cree que no deben ser sancionados los conductores de buses que siempre se mueven por la izquierda, pero tienen que atravesar toda la vía para recoger los pasajeros, atropellando a todo el mundo?
- ❖ ¿Cree que no deben ser sancionados los conductores de buses que paran a recoger pasajeros cada 5 metros en todas las cuadras?
- ❖ ¿Cree que no deben ser sancionados los conductores de camiones de reparto que viajan por el carril de la izquierda a 20 kilómetros x hora?
- ❖ ¿No cree que los "carriles de la izquierda" se deben utilizar para adelantar?
- ❖ Cree que no deben ser sancionados los borrachos que han tenido 20 accidentes graves y siguen manejando, aunque les quitan las licencias y los vehículos,

- ❖ ¿Cree que los Policías de Tránsito deben tomar cursos para aprender a reconocer "quienes son ellos"?
- ❖ ¿Cree que no deben ser sancionados los conductores de vehículos que transitan sin luces?
- ❖ ¿Cree que no deben ser sancionados los conductores que siempre están comprando cosas a todos los vendedores ambulantes?
- ❖ ¿Cree que los conductores de motos deben poder circular por todos los carriles?
- ❖ ¿Cree que puede hacer algo para "influir" en la solución de los problemas anteriores?
- ❖ ¿No le importa "influir"?
- ❖ ¿Solo le interesa "hablar estupideces" de los problemas de movilidad?
- ❖ ¿Cree que todos los "puestos" de la Secretaría de Movilidad deben ser políticos y manejados por brutos imbéciles?
- ❖ ¿No le importa si son?
- ❖ ¿Cree que se debe tratar de cambiar eso?
- ❖ ¿Cree que "muchos" de los problemas de movilidad de Bogotá se solucionarían poniendo "todas" las calles en un solo sentido y permitiendo estacionar en la calle?
- ❖ ¿Esta dispuesto a irse "preso" por matar a alguien en una vía pública porque no lo vio?

Esos cuestionarios los publiqué, en su momento, por partes en las redes sociales, pidiendo respuestas y opiniones a las personas. ¿Adivinen que pasó? Si, están en lo cierto, nadie opinó nada, en ningún sentido. Bueno, puede ser que todos los selfies opinan que soy un culo de mierda que no merece ningún trato y, están en su derecho. Pero, ellos siguen siendo unos estúpidos que ni siquiera pueden ENTENDER dónde está la razón de las cosas. Pueden sentarse a esperar que sucedan eventos más graves que afecten sus vidas, antes de entender que tienen que ponerse a pensar cómo solucionarlos, pero como dije, quedará en la CONCIENCIA de todos, si es que todavía tienen CONCIENCIA.

No tiene perdón que no entiendan la importancia de las experiencias reales de alguien que ha vivido todos los problemas que ellos tienen y que solo está pidiendo que se conformen grupos de análisis de unos borradores, para definir soluciones necesarias.

Hemos conseguido un Desarrollo Económico importante en los 12 últimos años y ahora es importante cuidar y mantener todo eso, para beneficio de todos. Es hora de pensar todos en ese NUEVO PAÍS y trabajar para mantener lo que tenemos, enseñar a la gente a querer más su país, seguir trabajando juntos para continuar mejorando económicamente. Lo importante es no seguir comiéndole el cuento a los políticos corruptos. Depende de nosotros.

Tenemos que dejar de ser tan lindos, preciosos, divinos y ser **más responsables**. Pero, no parece que vaya a suceder lo necesario. No creo que la PAZ del señor Santos vaya a conseguir eso y, no es porque quiera la GUERRA. No veo que se esté manteniendo lo conseguido, por el deterioro de la seguridad y el aumento de la corrupción. Por primera vez en mi vida, no tengo más propuestas.

No se me ocurre nada más. La alternativa de ESPERAR no es la solución, pero la gente no quiere entender y no creen que nada más grave puede suceder. Están equivocados. Vuelvo y repito, qué lástima y qué desperdicio de todo. ¿Pueden entonces sentirse molestos, o ponerse bravos porque se me ocurre llamar a Colombia un país de CORRUPTOS y OVEJOS DESCEREBRADOS? Ojalá sea yo el equivocado.

En casi todos los países del mundo se están haciendo cosas muy lindas, se están produciendo desarrollos muy importantes en todas sus ciudades y, las personas parecen muy orgullosas del Desarrollo Económico conseguido en pocos años. La gran mayoría de ciudades están muy lindas, muy bien cuidadas, muy limpias. Toda la gente se ve muy orgullosa de lo que tiene.

Estados Unidos y Canadá han perdido protagonismo en el Continente Americano. En los países Asiáticos, algunos de los países Europeos y, hasta en los países Africanos menos desarrollados se están produciendo Desarrollos Económicos importantes. Las ciudades de los países europeos son todas tan lindas que disimulan las diminuciones de sus crecimientos económicos.

La Academia colombiana, pública y privada debería concentrar esfuerzos en educar a los estudiantes en civismo, respeto por los bienes de las ciudades y respeto hacia las demás personas. El gran problema son las limitantes producidas por la falta de ADMINISTRACIÓN DE JUSTICIA.

Es muy difícil pensar que ese comportamiento se puede conseguir sin la administración de justicia adecuada y, sobre todo con toda la polarización existente entre todos los ciudadanos. La confusión conceptual sigue y la seguridad se sigue deteriorando. No creo que valga la pena seguir insistiendo en los problemas conceptuales y la "ambigüedad" de las prioridades.

En 1965 no quería regresar a Colombia, porque me parecía un país culísimo. Los países no son culos porque el país sea culo, son culos porque la gente es cúla. Me parecía culo por todo lo que estaba sucediendo en ese momento. Regresé porque mi padre me lo pidió, como ya expliqué. En 50 años no ha sucedido nada que me haga pensar en una forma diferente. Ese sentimiento no tiene nada que ver con lo sucedido en mi vida familiar. Entiendo que escribir el libro no va a producir una solución a los problemas, porque no soy "importante", "experto", ni "conocido".

Ni siquiera todos los "expertos" que han aparecido hoy pueden producir soluciones rápidas. Pero, por lo menos, por el momento, queda constancia escrita de la denuncia de los problemas de corrupción que tanto nos han afectado a los colombianos. Está muy mal que la Academia colombiana no se interese por los problemas de "administración de justicia".

La Academia hoy, ni siquiera se interesa por enseñar adecuadamente la carrera de Economía.

Yo quiero que alguien me explique cómo se puede hablar de "democracia", "paz", "justicia", "equidad" y, todas las demás cosas que pregonan los políticos colombianos, sin "Administración de Justicia". No se angustien, que yo sé que nadie lo va a hacer. He explicado hasta la saciedad por qué eso es prioridad en una "Democracia".

Creería que hasta los colombianos más tercos están entendiendo el problema de Administración de Justicia visto en los últimos años en Colombia. Bueno, si no están empezando a entender, no se preocupen, pueden seguir siendo "selfies".

Nada que hacer, la corrupción parece ser parte del ADN de los colombianos. Así como los perros Labradores tienen un gen glotón, los colombianos tienen un gen de corrupción. Todos se quieren enriquecer ilícitamente. Nadie quiere mejorar la "Administración de Justicia". A nadie le parece importante. Lo único importante es enriquecerse y, es una carrera desenfrenada para "superar" al vecino. La educación no les enseño nada de eso y, les parece bien. Si a nadie se le llega a ocurrir nada, no saben qué hacer, no pueden "pensar", allí termina todo. No, mentiras, no se preocupen, allí no termina todo, siempre vendrá la posibilidad del siguiente delito.

¿Que tal los CLAMORES del Presidente, hoy en Enero 16 del 2017, a toda la sociedad de COMBATIR la CORRUPCIÓN, por todos los medios, en la posesión del nuevo Procurador? Otra vez, los CLAMORES por solucionar los casos de REFICAR, ODEBRECHT,

SALUDCOP. CAPRECOM, INTERBOLSA, el caso del hacker de Oscar Iván Zuluaga, bla, bla, bla, administrando justicia SOLO EL. A los demás que nos coma el tigre. Que tal toda la "familia" del Presidente en esa posesión. Me da mucha pena, pero no corresponde.

El Presidente propone, por ejemplo, que "se elimine la casa por cárcel", como si algo así fuera la solución adecuada al problema de la Administración de Justicia. **Si uno creyera todas las "frases" que allí se dijeron en esa posesión,** la corrupción ya habría dejado de existir.

La clase política perdió toda su credibilidad. La sociedad entera tiene que llegar a un consenso sobre lo que debe seguir. Obviamente, el primer paso es una mayor "participación" de las personas en su Democracia. De alguna manera se tiene que aumentar la participación y la forma de conseguir los consensos necesarios y adecuados. ¿Solo podemos "esperar" que los políticos actuales hagan lo correcto, cuando nunca ha sido así? A mí se me acabaron las propuestas. No he podido pensar en nada diferente a DENUNCIAR los problemas existentes, las equivocaciones conceptuales, cuáles deben ser las prioridades adecuadas y, proponer borradores de soluciones que deben ser "debatidos" de alguna forma, hasta llegar a los consensos adecuados, sobre cómo "corregir" esos problemas y conseguir sus soluciones en la práctica. No tengo ni idea si el libro puede tener alguna acogida, o aceptación.

Vamos a tratar de hacer un último intento con
LA OCTAVA PAPELETA
¿Será que eso puede funcionar?

www.ingramcontent.com/pod-product-compliance
Lightning Source LLC
Chambersburg PA
CBHW080011210526
45170CB00015B/1974